成功企业管理制度与表格典范丛书

供应链管理必备制度与表格典范

杨宗岳◎编著

企业管理出版社

图书在版编目（CIP）数据

供应链管理必备制度与表格典范 / 杨宗岳编著. —北京：企业管理出版社，2020.7
ISBN 978-7-5164-2149-9

Ⅰ.①供… Ⅱ.①杨… Ⅲ.①企业管理－供应链管理 Ⅳ.①F274

中国版本图书馆CIP数据核字（2020）第091474号

书　　名	供应链管理必备制度与表格典范
作　　者	杨宗岳
责任编辑	张　羿
书　　号	ISBN 978-7-5164-2149-9
出版发行	企业管理出版社
地　　址	北京市海淀区紫竹院南路17号　邮编：100048
网　　址	http：//www.emph.cn
电　　话	发行部（010）68701816　编辑部（010）68701891
电子信箱	80147@sina.com
印　　刷	水印书香（唐山）印刷有限公司
经　　销	新华书店
规　　格	170毫米×240毫米　16开本　15印张　300千字
版　　次	2020年7月第1版　2020年7月第1次印刷
定　　价	68.00元

版权所有　翻印必究·印装错误　负责调换

PREFACE 前　言

　　成功的企业，其生存和发展能力都非常强，有的甚至维持上百年长盛不衰。企业之所以成功，原因之一是这些企业通常都聚集了一群优秀的管理者，而这些优秀的管理者又是靠什么来实现管理的呢？很简单，他们靠的是灵活运用管理方法、管理技能、管理体系、管理文书、管理流程等管理工具，进行科学的、规范的管理。

　　企业管理制度是企业员工在企业生产经营活动中须共同遵守的规定和准则的总称。企业管理制度的表现形式或组成包括企业组织机构设计、职能部门划分及职能分工、工作岗位说明、专业管理制度、工作方法或流程、管理表单等管理制度类文件。纵观成功的企业，自身无不拥有完善的管理制度、流程、表格体系，在制度化、流程化、表格化管理方面堪当表率。

　　任何企业的管理都是一个系统工程，要使这个系统正常运转，实现高效、优质、高产、低耗，就必须运用科学的方法、手段和原理，按照一定的运营框架，对企业的各项管理要素进行规范化、程序化、标准化设计，形成有效的管理运营机制，即实现企业的规范化管理。

　　企业管理制度主要由编制企业管理制度的目的、编制依据、适用范围、管理制度的实施程序、管理制度的编制形成过程、管理制度与其他制度之间的关系等因素组成，其中属于规范性的因素有管理制度的编制目的、编制依据、适用范围及其构成等；属于规则性的因素有构成管理制度实施过程的环节、具体程序，控制管理制度实现或达成期望目标的方法及程序，形成管理制度的过程，完善或修订管理制度的过程，管理制度生效的时间，与其他管理制度之间的关系。

　　企业管理制度是企业管理制度的规范性实施与创新活动的产物，通俗地讲，企业管理制度＝规范＋规则＋创新。一方面，企业管理制度的编制须按照一定的规范来进行，企业管理制度的编制在一定意义上讲也是企业管理制度的创新，企业管理制度的创新过程就是企业管理制度文件的设计和编制，这种设计或创新是有其相应的规则或规范的。另一方面，企业管理制度的编制或创新是具有规则的，起码的规则就是结合企业实际，按照事物的演变过程，依循事物发展过程中内在的本质规律，依据企业管理的基本原理，实施创新的方法或原则，进行编制或创新，形成规范。

为了帮助企业完善制度体系，我们组织相关专家、学者编写了"成功企业管理制度与表格典范丛书"，本套丛书包括 8 个管理模块，每个模块独立成书。具体为：《行政管理必备制度与表格典范》《客户管理必备制度与表格典范》《企业内控管理必备制度与表格典范》《人力资源管理必备制度与表格典范》《营销管理必备制度与表格典范》《安全管理必备制度与表格典范》《财务管理必备制度与表格典范》和《供应链管理必备制度与表格典范》。

本套丛书最大的特点是具有极强的实操性和可借鉴性，它提供了大量的制度、表格范本，所有的范本都是对成功企业制度的解读，可供读者参考。

本套丛书可以作为企业管理人员、工作人员、培训人员在制定本企业管理制度时的参照范本和工具书，也可供企业咨询师、高校教师和专家学者做实务类参考指南。

由于编者水平有限，加之时间仓促、参考资料有限，书中难免出现疏漏与缺憾，敬请读者批评指正。

CONTENTS 目 录

第一章 供应链战略规划

第一节 供应链战略规划要点 2
一、供应链管理的特征 2
二、供应链管理的内容 3

第二节 供应链战略规划制度 5
一、供应链战略规划方案 5
二、供应链贸易安全制度 8

第三节 供应链战略规划表格 10
一、供应链策略及行动计划表 10
二、供应链资源配备计划表 19
三、供应商供应链安全评估表 20

第二章 供应商的开发与管理 25

第一节 供应商的开发与管理要点 26
一、供应商开发 26
二、供应商沟通 26
三、供应商扶持 27
四、供应商考核 27

第二节 供应商的开发与管理制度 28
一、新供应商引入管理办法 28
二、供应商业绩考核管理办法 34

三、供方产品质量赔偿管理程序 41

第三节　供应商的开发与管理表格 45
一、供应商基本资料表 45
二、供应商问卷调查表 46
三、供应商自查审核表 47
四、供应商现场审核评分表（商务部分） 52
五、供应商现场审核评分表（技术与产能） 55
六、供应商现场审核评分表（品质部分） 60
七、供应商比较表 71
八、合格供应商名录 71
九、取消合格供应商申请单 71
十、合格供应商年度复审表 72
十一、合格供应商信息变更表 73
十二、临时供应商审批表 73
十三、供应商交货状况一览表 74
十四、检验品质异常报告 74
十五、供应商异常处理联络单 75
十六、品质异常单 75
十七、品质异常回复记录表 76
十八、供应商评鉴表 76
十九、供应商绩效考核分数表 77
二十、供需双方质量协议书 77
二十一、质量赔偿单 78
二十二、质量赔偿申诉书 79
二十三、质量赔偿裁决通知书 79

第三章　采购管理 81

第一节　采购管理要点 82
一、采购的职能 82
二、采购管理内容 82

第二节　采购管理制度 84
一、物资采购计划管理办法 84
二、采购订单管理流程规范 87
三、采购价格管理办法 90
四、采购合同管理制度 96
五、采购付款及发票管理制度 99
六、物资采购质量管理办法 109

第三节　采购管理表格 113
一、年度（预测）采购需求计划表 113
二、批次（月度）采购需求计划表 113
三、月度采购需求计划表 114
四、月度物资需求计划审批表 114
五、专用件价格测算流转单 115
六、新开发零部件价格变动情况表 115
七、新开发零部件批产价格汇总表 115
八、新开发零部件、外购外协件批产价格分析核算表 116
九、采购价格评审表（测算） 117
十、采购价格评审表（类比） 117
十一、采购价格审批表 118
十二、采购价格调整评审表 118
十三、采购价格调整审批表 119
十四、设计变更产品价格评审表 119
十五、多退少补统计报表 120
十六、采购订单 120
十七、采购订单变更通知单 121
十八、采购订单取消通知单 121
十九、到货反馈表 122
二十、材料质量进货检验汇总表 122
二十一、使用质量周报表 122
二十二、预付款申请单 123
二十三、请款单 123
二十四、采购付款申请表 123

二十五、物资采购重大质量问题报告单 124
二十六、物资采购质量纠纷处理单 124
二十七、物资采购质量情况统计表 125

第四章　生产管理 127

第一节　生产管理要点 128
一、生产管理的内容 128
二、生产管理的要求 128

第二节　生产管理制度 129
一、生产计划管理制度及考核办法 129
二、生产计划变更管理办法 134
三、PMC 工作指引 137
四、4M1E 变更管理程序 139
五、装配制程管制办法 142
六、委托制造、外加工管理准则 144
七、生产部车间管理制度 149
八、生产进度控制办法 150
九、生产事故责任追查规定 153

第三节　生产管理表格 155
一、月生产计划表 155
二、周生产计划表 156
三、日生产计划表 156
四、生产计划变更通知单 156
五、生产排程表 157
六、生产指令单 158
七、生产滞后原因分析表 158
八、生产返工表 159
九、班次产量统计及交接表 159
十、车间流水线班长日常职责确认表 160
十一、班前会制度检查记录表 161
十二、人员去向显示板 161

十三、各部门（班组）问题点改善表 162

十四、人员配置管理板 162

十五、刀具交换管理板 162

十六、生产事前检查表 163

十七、生产进度追踪表 163

十八、计划型生产进度控制表 164

十九、日生产计划控制看板 164

第五章　仓储管理 165

第一节　物料仓储管理要点 166

一、物料仓储在供应链管理中的意义 166

二、物料仓储管理方法 166

第二节　物料仓储管理制度 167

一、仓储规划及管理流程规范 167

二、在库品防护程序 172

三、客户财产控制程序 174

四、仓库盘点作业管理流程 176

第三节　物料仓储管理表格 184

一、存量控制卡 184

二、库存明细账 184

三、物料计划表 185

四、订单物料计划总表 185

五、物料验收单 185

六、物料供应变更联络单 186

七、材料入仓单 186

八、发料单 186

九、领料单 187

十、限额领料单 187

十一、委托加工物品领料单 188

十二、退料单 188

十三、退料缴库单 188

十四、补料单 189
十五、半成品/成品入仓单 189
十六、半成品/成品出仓单 190
十七、废料处理申请单 190
十八、半成品报废单 191
十九、进货日报表 191
二十、材料收发日报表 191
二十一、材料库存日报表 192
二十二、半成品库存日报表 192
二十三、成品库存日报表 192
二十四、呆料月报表 193
二十五、废料处理清单 193
二十六、成品入库单 193
二十七、成品出库单 194
二十八、盘点单 194
二十九、盘点票 194
三十、盘点记录单 195
三十一、盘点盈亏表 195
三十二、盘点差异分析表 196
三十三、盘点异动报告表 196
三十四、仓库温度、湿度记录表 197

第六章 物流配送管理 199

第一节 物流配送管理要点 200
一、选择物流运输形式 200
二、做好自有物流运输管理 200

第二节 物流配送管理制度 202
一、公司物流运输管理办法 202
二、物流运输管理制度 207
三、运输外包管理工作流程及管理制度 211
四、客户订货及发货流程规范 212

　　　　五、物流配送管理制度 214
第三节　物流配送管理表格 225
　　　　一、提货通知单 225
　　　　二、装车确认单 226
　　　　三、预付自提车辆放行通知单 226
　　　　四、物流派车单 226
　　　　五、车辆档案 227
　　　　六、物流第三方发货跟踪进度表 227
　　　　七、发货任务跟进单 227
　　　　八、物流配送电话记录表 228

第一章

供应链战略规划

第一节　供应链战略规划要点

供应链管理（Supply Chain Management，SCM）是以提高企业个体和供应链整体的长期绩效为目标，对传统的商务活动进行总体的战略协调，对特定公司内部跨职能部门边界的运作和在供应链成员中跨公司边界的运作进行战术控制的过程。

供应链管理就是要整合供应商、制造部门、库存部门和物流公司等供应链上的诸多环节，减少供应链的成本，促进物流和信息流的交换，以求在正确的时间和地点，生产和配送适当数量的正确产品，提高企业的总体效益。

供应链管理通过多级环节提高整体效益，每个环节都不是孤立存在的，这些环节之间存在着错综复杂的关系，形成网络系统。同时这个系统也不是静止不变的，不但网络间传输的数据不断变化，而且网络的构成模式也在实时地进行调整。

一、供应链管理的特征

（1）以顾客满意为最高目标，以市场需求的拉动为原动力。
（2）企业之间关系更为紧密，共担风险，共享利益。
（3）把供应链中所有节点企业作为一个整体进行管理。

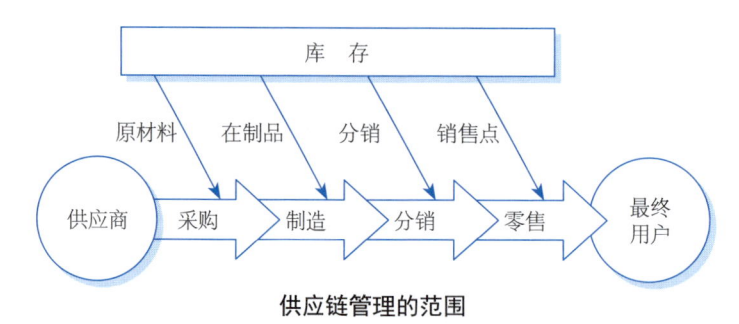

供应链管理的范围

（4）对工作流程、实物流程和资金流程进行设计、执行、修正和不断改进。
（5）利用信息系统优化供应链的运作。
（6）缩短产品完成时间，使生产尽量贴近实时需求。
（7）减少采购、库存、运输等环节的成本。

以上特征中，（1）（2）（3）是供应链管理的实质，（4）（5）是实施供应链管理的两种主要方法，而（6）（7）则是实施供应链管理的主要目标，即从时间和成本两个方面为产品增值，从而增强企业的竞争力。

二、供应链管理的内容

作为供应链中各节点企业相关运营活动的协调平台，企业的供应链管理应把重点放在以下几个方面：

1. 供应链战略管理

供应链管理本身属于企业战略层面的问题，因此，企业在选择和参与供应链时，必须从企业发展战略的高度出发去考虑问题。它涉及企业经营思想，在企业经营思想指导下的企业文化发展战略、组织战略、技术开发与应用战略、绩效管理战略等，以及这些战略的具体实施。供应链运作方式为参与供应链联盟而必需的信息支持系统、技术开发与应用以及绩效管理等都必须符合企业的经营管理战略。

2. 信息管理

信息以及对信息的处理质量和速度是企业能否在供应链中获益的关键，也是实现供应链整体效益的关键。因此，企业的信息管理是供应链管理的重要方面之一。信息管理的基础是构建信息平台，实现供应链的信息共享，通过 ERP（Enterprise Resource Planning）和 VMI（Vendor Managed Inventory）等系统的应用，将供求信息及时、准确地传递到相关节点企业，从技术上实现与供应链其他成员的集成化和一体化。

3. 客户管理

客户管理是供应链的起点。如前所述，供应链源于客户需求，同时也终于客户需求。因此，供应链管理是以满足客户需求为核心来运作的。通过客户管理，详细地掌握客户信息，从而做到预先控制，在最大限度地节约资源的同时，为客户提供优质的服务。

4. 库存管理

供应链管理就是利用先进的信息技术，搜集供应链各方以及市场需求方面的信息，减少需求预测的误差。企业用实时、准确的信息控制物流，减少甚至取消库存（实现库存的"虚拟化"），从而降低库存的持有风险。

5. 关系管理

通过协调供应链各节点企业，改变传统的企业间进行交易时的"单向有利"意识，使节点企业在协调合作关系基础上进行交易，从而有效地降低供应链整体的交易成本，实现供应链的全局最优化，使供应链上的节点企业增加收益，进而达到双赢的效果。

6. 风险管理

信息不对称、信息扭曲、市场不确定性以及其他政治、经济、法律等因素，导致了供应链上节点企业的运作风险，必须采取一定的措施尽可能地规避这些风险。例如，企业可以通过提高信息透明度和共享性、优化合同模式、建立监督控制机制，在供应链节点企业间合作的各个方面、各个阶段，建立有效的激励机制，促使节点企业间加强诚意合作。

从供应链管理的具体运作看，供应链管理主要涉及以下四个领域：供应管理、生产计划、物流管理、需求管理。具体而言，包含以下内容：

（1）物料在供应链上的实体流动管理。
（2）战略性供应商和客户合作伙伴关系管理。
（3）供应链产品需求预测和计划。
（4）供应链的设计（全球网络的节点规划与选址）。

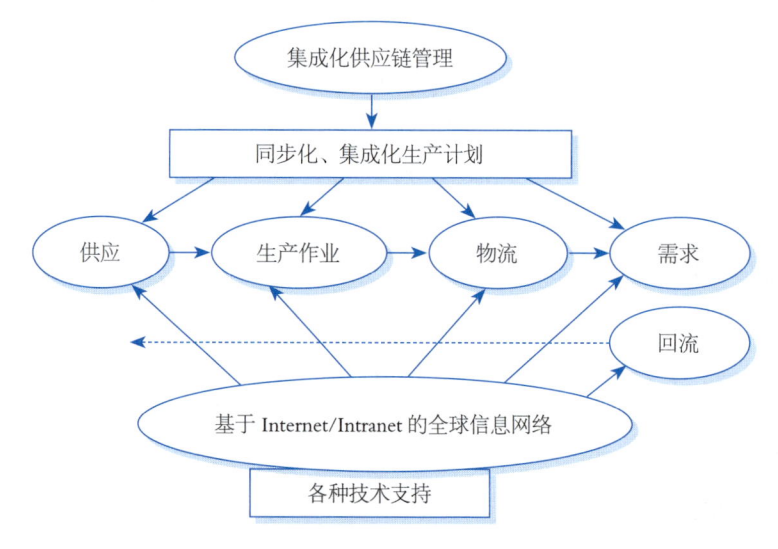

供应链管理涉及的领域

（5）企业内部与企业之间物料供应与需求管理。
（6）基于供应链管理的产品设计与制造管理、生产集成化计划、跟踪和设计。
（7）基于供应链的客户服务和物流（运输、库存、包装等）管理。
（8）企业间资金流管理（汇率、成本等问题）。
（9）基于 Internet/Intranet 的供应链交互信息管理。

第二节　供应链战略规划制度

一、供应链战略规划方案

标准文件		供应链战略规划方案	文件编号	
版次	A/0		页次	

1. 前言

通过整合专业××领域价值链上下游合作伙伴的资源，充分发挥合作伙伴的专业能力，提升供应链各方过程管理能力，为客户提供人性化的专业××产品和服务。提高运营的有效性和效率性，实现合作共赢，满足供应链合作伙伴的发展与变革需求，特制订本方案。

本方案包括依据内外部顾客的需求与市场订单，调动内外部资源，对产品设计、采购、制造、交付等各环节的组织与协调，进行有效管理的过程。

2. 职责

2.1 总裁负责批准供应链战略规划，并提供必要的资源。

2.2 供应链管理部总监负责审核供应链战略规划的制订、调整以及所需资源的配置，并监督本规划方案的执行落实。

2.3 供应链管理部为供应链管理的职能部门，负责组织供应链规划的制订、实施与监测，并根据需要及时地组织修订调整。

2.4 各部门负责按供应链规划要求贯彻实施。

3. 总体要求

3.1 使命：提供人性化的专业××产品和服务

3.1.1 方法：基于供应链管理现状和丰田精益管理模式的差距，通过系统运用和优化资源、技术、方法和工具，提高产品质量、缩短交付周期、改善工作环境、提高供应链运作效益，提升供应链整体竞争能力。

3.1.2 人性化：及时、准确地提供满足客户个性化产品需求和物超所值的服务，特别是客户对安全、节能、环保、舒适、周到等产品和服务的特性需求，不给客户增添麻烦，并给顾客带来快乐。

3.2 愿景：成为全球专业××领域最佳的集成供应链

3.2.1 集成供应链包括××系统产品集成和供应链的集成。

3.2.2 ××系统产品集成：是指持续创新产品及产品组合，为客户提供人性化的专业××产品、××系统解决方案和产品生命周期的服务保障。

3.2.3 供应链的集成：是指供应链上的每个成员共享信息、同步计划、使用协调一致的业务处理流程，共同应对复杂多变的市场，为最终用户提供高效、快捷、灵活、可靠的产品和服务，从而在竞争中获得优势，最终实现全球专业××领域产品和服务质量最佳、交付速度第一、供应链成本费用率最优，成为全球专业××领域供应链标杆企业。

3.2.4 供应链成本费用率：包括当期采购成本、生产成本、物流成本（不包括研发新产品与非生产领用物料等）、制造费用之和与当期销售额之比。

3.3 价值观：快速高效、和谐共赢

3.3.1 快速：既保持常规条件下组织管理体系高效运作，同时又能在特殊任务条件下做出敏捷性响应。

3.3.2 高效：是指高绩效，通过优质、低耗、效率高、收益高来体现。

3.3.3 和谐：目标观念协调一致、信息共享准确及时，行为步调顺畅统一，资金流动快速有序。

3.3.4 共赢：协同作战、优势互补，实现供应链利益最大化。

3.4 战略目标

供应链战略目标与对应时间表

战略目标	第一年	第二年	第三年
产品故障率 DPPM			
顾客满意度 %			
未准时发货率 %			
供应链综合成本费用率 %			
关键物料准时合格率 %			

3.5 战略措施

3.5.1 系统识别供应链要求，分析与标杆企业丰田管理模式的差距，进行供应链设计；在供应链全过程推行 TQM（Total Quality Management）、精益生产；申报全国现场管理星级评定。

3.5.2 识别供应链关键点，掌控关键供应链资源，把握时机，通过战略联盟、收购、自建等后向一体化策略控制关键模块/技术。

3.5.3 提高零部件标准化、模块化的水平和管理能力。

3.5.4 不断完善以终端客户为导向、合作共赢的供应链管理系统，提升供应链整体竞争能力。

3.5.5 引进和培育供应链管理关键人才，包括供应链战略管理、高级精益生产及工艺管理、高级全面质量管理、高级供应链计划管理、高级物流管理等方面人才。

3.5.6 实施供应链信息一体化建设。

3.5.7 建设工业园，逐步实现生产、物流、质量监控自动化、半自动化改造。

4. 目标及绩效预测

关键绩效指标预测及目标值一览表（包括相关战略KPI，协调一致）

KPI（Key Performance Indicator）	第一年 预测值	第一年 目标值	第二年 预测值	第二年 目标值	第三年 预测值	第三年 目标值
供应链成本费用率						
顾客满意度						
未准时发货率						
产品故障率						
供应商满意度						
客户投诉率						
关键物料准时合格率						
安全事故数						
主生产计划准确率						
生产一次送检合格率						
产品一次验收合格率						
工程一次验收合格率						
产品老化合格率						
库存周转次数						
采购成本降低率						
生产费用率						
单位物流成本率						
来料合格率						
来料及时率						
优秀供应商比率						
优秀供应商采购占比						
战略联盟数量						
人均培训时数						

5. 风险及应对措施计划

风险应对措施及计划表

序号	主要风险	控制措施	应变计划或应急预案	责任部门
1	安全生产事故（火灾/人员伤亡等）	《安全生产管理规定》《化学品安全管理规定》	信息和数据做好备份；《安全生产应急管理方案》	工厂
2	产品、工程质量事故	质量管理体系文件	启动《紧急质量事故处理规范》	工艺质量部
3	供应商倒闭或不合作	定期了解供应商的经营状况；建立备选供应商信息库	收购倒闭的供应商；启用备选供应商；重新开发新供应商	中心采购部 供应链运营部
4	自然灾害(地震等)	财产投保，制订自然灾害发生后的应急预案	全体员工集体协作应对；公司搬迁	供应链管理部
5	重大疫情	保持良好的工作和生活环境，培养员工良好的生活习惯，对员工定期体检、接种疫苗，制订重大疫情应急预案	启动《重大疫情应急预案》	供应链管理部
6	销售预测偏差太大，PMC（生产物料管理）反应迟钝，导致断货或库存积压	参考历史经验发展趋势进行预测分析；进行过程控制，实施滚动计划	启动应急采购与生产模式	商务部/计划运作部
7	合作战略联盟失败，关键合作方不配合	前期调研把握发展趋势；进行价值观宣讲，合作渠道加强沟通；做充分的市场调查，储备资源	启动《战略联盟备选方案》	中心采购部 供应链运营部
拟定		审核		审批

二、供应链贸易安全制度

标准文件		供应链贸易安全制度	文件编号	
版次	A/0		页次	

1. 目的

为了有效地对公司供应链通关安全风险和威胁进行控制管理，确保整个通关过程符合《海关认证企业标准》及进出口海关法律法规，结合本公司实际情况，特制定本制度。

2. 适用范围

适用于对公司供应链安全管理的全过程，以及对所涉及相关方供应链过程的评估、要求、检查等管理和控制。

3. 职责

3.1 责任人为负责海关事务的副总经理，由关务部配合实施。

3.2 职责：负责对公司商业伙伴的供应链安全风险和威胁控制的管理工作的督导检查工作，并制定商业伙伴供应链评估、要求、检查的指标文件，负责审批相关规范、规定等管理控制文件。

4. 商业伙伴的供应链安全评估

4.1 企业在选择商业伙伴时，需在海关信用公示平台查询确认商业伙伴的海关信用类别，根据商业伙伴的海关信用类别确定是否进行实地评估。

4.1.1 若商业伙伴是海关认证企业，可免于评估，只需提供认证证书。可作为确立合作关系的首选对象。

4.1.2 若商业伙伴是一般信用企业或者失信企业，需做出重点全面评估。

4.2 全面评估方法。

4.2.1 需请商业伙伴提供企业遵守海关等法律法规的书面文件，确认商业伙伴在遵守法律法规方面信用良好。

4.2.2 请商业伙伴展示其行业所获得的资质证书证明。

4.2.3 深入商业伙伴场地实地勘查，重点勘查其场所安全、进入安全、人员安全等供应链安全。

4.3 供应链安全评估原则。

4.3.1 公司应每隔半年对商业伙伴进行风险评估的评价，不合格的解除商业伙伴的合作关系。

4.3.2 风险评估记录应存档，记录保存 2 年以上。

4.4 供应链安全评估评级标准。

4.4.1 标准：满分 100 分。

4.4.2 等级：60 分以下为不合格，应取消与其合作关系；60—69 分为合格，可保持合作关系；70—79 分为良好，可保持合作关系；80 分以上为优秀，应积极保持合作关系，并从公司长远发展的角度出发，在选择商业伙伴时可优先考虑。

5. 商业伙伴的供应链安全要求

对公司合作的商业伙伴在确立合作关系之前，需要求商业伙伴按照海关认证企业认证标准执行。

6. 商业伙伴的安全供应链安全监控检查

6.1 公司对商业伙伴的安全供应链进行安全监控检查，每 6 个月一次。

6.2 对于检查不符合要求的，可通知其限期内给予整改完善，整改期限不超过 3 个月，若超期不能整改完善的，取消其合作关系。

拟定		审核		审批	

第三节　供应链战略规划表格

一、供应链策略及行动计划表

供应链策略及行动计划表

序号	策略及行动计划	实施时间	完成时间	牵头责任部门
1	系统识别供应链要求，分析与标杆企业丰田的差距，进行供应链设计，在供应链全过程推行 TQM、精益生产			
1.1	通过对目前供应链 SWOT（Strengths、Weaknesses、Opportunities、Thrents）的识别和分析，找出与标杆企业—丰田之间的差距，进行供应链设计			
1.1.1	运用 SWOT 分析，找出目前供应链的优势、劣势、机会、威胁			
1.1.2	通过系统识别相关方主要需求，分析找出与标杆企业丰田公司之间的差距，进行供应链的设计更新，并制订行动计划/方案组织实施			
1.1.3	制定和完善销售、计划、采购、生产、交付一体化流程、制度和管控方法			
1.1.4	修订和完善供应商管理规范			
（1）	完善供应商准入标准			
a	对现有供应商准入的相关规范进行调查分析			
b	对行业进行分类，制订不同行业、不同合作要求供应商的准入、评估标准草案			
c	组织相关部门对草案进行评审，在评审的基础上对草案进行修订			
d	将修订完成的草案提交体系优化部进行受控发布，新的供应商准入标准正式实施			
e	建立针对不同行业的供应商现场考核评估审查团队，确保供应商符合准入标准，满足合作需求			
f	对新标准的实施效果进行确认，并对其进行完善			
（2）	确定供应商分类标准，实施供应商分类管理			

续表

序号	策略及行动计划	实施时间	完成时间	牵头责任部门
a	制定4级（准入级、合格级、紧密级、战略级）供应商的评价、认证标准			
b	制定不同类别供应商订单分配、质量管控、技术支持、资金支持、日常沟通交流等方面的管理制度和办法			
c	根据标准对现有供应商进行全面的评估，按照4级标准进行划分，形成供应商分级管理名录			
d	依照分级管理制度和办法实施供应商分级管理并持续改善			
(3)	完善供应商考核制度			
a	确定供应商考核的标准，将供应商分为4个等级：不合格、合格、良好、优秀			
b	制定不同考核等级供应商管理办法（包括订单管理、质量管控、对应管理分级、淘汰等）			
c	根据考核制度对供应商进行考核，根据考核结果评定供应商等级，按照评定等级对供应商进行相应的管理并完善			
(4)	建立并实施供应商质量培育激励机制制度			
a	对供应商进行筛选，确定需要进行培育的供应商名单			
b	制订详细的供应商培育计划，并按计划执行			
c	对供应商的培育效果进行确认并改进完善			
1.1.5	建设供应链文化，塑造共同的价值观和经营理念，增强供应链的凝聚力			
(1)	以企业文化为基础，提出供应链文化的概念和范畴，界定供应链文化的内容（供应链文化是指在供应链长期实践中所形成并被供应链各节点企业普遍认同的，以核心企业的企业文化为基础，以实现供应链整体最优的客户满意度为宗旨，以合作互利等价值理念为核心的联盟文化）			
(2)	确定供应链文化建设的机制、规则、流程			
(3)	制订供应链文化建设的主要措施并执行落实			
a	向供应链各节点宣传供应链文化			
b	召开年度供应商大会，与供方及合作伙伴进行交流			
c	建立规范，将与供应商的高层互访活动明确化、规范化、日常化			
d	向供方与合作伙伴传递公司质量文化、质量管理及现场管理方法			
e	实施供应商满意度调查，以了解其需求			
1.1.6	推进目标管理，打造绩效文化，完善供应链绩效管理系统			
(1)	重新梳理供应链绩效管理指标与目标			

续表

序号	策略及行动计划	实施时间	完成时间	牵头责任部门
（2）	运用PDCA（Plan、Do、Check、Act）循环，制订目标实现的关键行动计划，明确工作内容、时间、节点、达成标准、责任人等			
（3）	审核确认行动计划			
（4）	落实资源并安排执行，对过程进行监控评估，验证结果			
1.1.7	制定降低采购成本合作规则，降低供应链成本费用率			
（1）	与供应商协商并签署协议，通过协助促进供应商管理提升，减少损耗浪费，降低成本，分享成果，实现采购物料降价			
（2）	分析供应商行业采购价格，通过专项招标采购、采购谈判等方式降低采购成本			
（3）	通过定期、定量进行采购谈判等方式降低采购成本			
1.1.8	建立高效、快捷的物流交付系统			
（1）	建立物流公司资源的评估、评价、考核标准			
（2）	建立完善物流公司信息库			
（3）	引入第二家物流公司签订合作协议，进行储备			
1.1.9	国际采购和物流交付体系实施			
（1）	与销售支持部和海外事业部确认海外物流与采购的基本需求			
（2）	建立国际采购与物流资源信息库，评估国际资源利用的风险			
（3）	开发国际采购及物流渠道和资源，制订国际采购计划与交付行动			
（4）	确认国际采购与物流交付方式，形成文件确定实施规则			
（5）	实施国际采购与国际物流交付，并持续改进			
1.2	供应链全过程推行TQM			
1.2.1	供应链全过程推进QCC（Quality Control Circles）管理，提高质量水平			
（1）	学习丰田QCC活动开展的规则及方法，形成供应链QCC推进规则，组织内部全员参与			
（2）	推进关键物料供应商联合开展QCC活动			
1.2.2	加强供应链的过程质量管理，提高质量水平			
（1）	所有产品和模块全面实施过程质量保证模式			
（2）	推行过程质量保证模式到关键物料供应商			
1.2.3	策划并开展质量月活动，提升全员质量意识			
1.2.4	保障产品（模块）与实现过程的安全性、可靠性及人性化			
（1）	实现所有产品和模块的工艺设计，提升产品和模块的安全性、可靠性及人性化			

续表

序号	策略及行动计划	实施时间	完成时间	牵头责任部门
（2）	进行工艺模块化设计，实现工艺设计的标准化，提高工艺管理水平			
1.3	以丰田管理模式为标杆，推行精益化生产			
1.3.1	寻找和识别与丰田管理模式之间的差距，通过论证分析，制订精益生产的关键行动计划			
（1）	通过生产装配动作分析、节拍分析、产线布置及均衡分析等，找出与丰田管理模式之间的差距，制订实施改善的行动计划			
（2）	通过关键行动计划的实施，实现产线均衡与工序平衡，达到单元化生产与流水线相结合			
1.3.2	制定供方库存管理规则，实施供方库存管理			
（1）	分析主要供应商的来料准时率与合格率、紧急采购订单完成率及瓶颈物料状况			
（2）	确定和实施供方库存管理及供应商的物料管理			
（3）	落实供应仓库的寻访、实地规划、装修等准备工作			
（4）	供方仓库交付使用，逐步向全部紧密型供应商推广，实现主要物料公司内部最多只有三天的库存量			
1.3.3	制定第三方仓储管理规则，实施成品第三方物流仓储			
1.3.4	推行现场可视化管理			
（1）	生产现场生产管理、质量管理各项指标可视化			
（2）	建立生产实时信息看板，对生产进度实施动态管理			
（3）	对仓库相似物料进行识别，建立看板管理			
1.3.5	全员参与，按照TPM自我保全的方法，提升管理水平，培养员工的良好工作习惯和素养			
1.3.6	识别、分析现场7大浪费现象，制订管理措施消除浪费			
1.3.7	依据全国质量5星级评定标准，改善系统和提升现场管理			
1.4	监督各项行动计划的执行情况，建立跟踪表，确认对各项行动计划的执行结果，制订下一步改进计划			
1.4.1	组织供应链管理部月度丰田管理差距研讨会，总结学习内容并找出当前存在的差距			
1.4.2	将形成的改进成果组织标准化，确认季度工作效果与改进之间的因果关系，同时完善下一季度的改进计划			
2	识别供应链关键点，掌控关键供应链资源，通过战略联盟、收购、自建等后向一体化策略控制关键模块/技术			
2.1	识别供应链关键点，掌控关键供应链资源			
2.1.1	识别关键物料，列出关键物料清单，制订并实施相应的供应商管理措施			

续表

序号	策略及行动计划	实施时间	完成时间	牵头责任部门
2.1.2	识别供应商关键控制过程，包括质量、成本、交期，建立过程控制规则			
2.1.3	识别瓶颈供应商，制订降低供应风险的措施			
2.2	推动公司后向一体化战略，掌控关键供应链资源			
2.2.1	对市场进行调查研究，提出关键模块和技术的规划方案			
2.2.2	根据规划，对供应商行业进行系统分析，确定后向一体化的方式（自开工厂、收购、入股、控股等）			
2.2.3	制订后向一体化的实施方案			
2.2.4	实施后向一体化，同时定期对后向一体化的情况进行总结分析，及时调整偏差			
3	提高零部件标准化、模块化的水平和管理能力			
3.1	按照IPD（Integrated Produce Development）规则，参与产品模块化与物料的标准化设计			
3.2	产品设计模块化与物料设计标准化			
3.2.1	明确模块化设计工作标准，制定并发布管理制度、工作流程和激励方案			
3.2.2	明确专人负责进行产品设计的标准化审核、批准，以及对推行过程中的数据和问题进行跟踪、监测、分析和改进			
3.2.3	组织各产品线、产品线生产代表将主要的通用件进行标准化，并制定规范保证落实			
3.2.4	组织各产品线对密封、充电、附件设计等设计要素进行分析和提炼，统一成为集中固定的设计型式			
3.2.5	通过相关政策鼓励和促进产品设计过程中，共用经过验证的平台技术和模块			
3.3	实施组件（模块）外包			
3.3.1	明确外包组件（模块）原则，制定外包组件（模块）的工艺、品质要求，确定外包组件价格、损耗、包装、批量等相关规则			
3.3.2	识别并确认可以进行外包给供应商的组件（模块）清单，按装配类型及要求进行分类，分析识别组件实施外包重点控制及管理问题点，制订相应的解决应对措施			
3.3.3	根据公司要求及加工需要，结合供应商资源状况，确定组件外包（模块）的供应商名单，并开始实施			
3.3.4	进行组件外包（模块）的打样和试生产，合格后正式实施组件外包（模块）			
3.3.5	每个外包项目完成之后进行评估，并在此基础上完善后续的实施项目			
3.4	建立并实施新产品样品确认规则以及老产品改进、确认样品规则			

续表

序号	策略及行动计划	实施时间	完成时间	牵头责任部门
3.4.1	制定新产品 N=1 检验检测实施规则			
3.4.2	建立 N=1 检测记录表，形成产品质量档案			
3.5	关键和战略供应商早期参与，提高设计一次合格率			
3.5.1	确定供应商早期参与范围、方式、流程、机制			
3.5.2	技术开发参与项目确定			
3.5.3	组织实施，按计划执行，每个项目执行完毕评估参与的有效性，优化并完善流程及规则			
4	不断地完善以终端客户为导向，并建立合作共赢的供应链管理系统，提升供应链整体竞争能力			
4.1	优化供方和合作伙伴结构，对供方和合作伙伴进行分类管理，同类业务培育 2—3 家供应商			
4.1.1	供应商分布区域分析、评估及改进			
（1）	对公司目前的供应商分布现状进行分析，制作供应商分布地图			
（2）	对供方进行行业分类，按照各行业进行综合成本及风险分析和评估			
（3）	结合公司目前供应商分布及采购成本状况，制订供应商开发、整合计划方案并开始实施			
4.1.2	整合、优化供方资源，建立优质的供应商资源库			
（1）	根据现有供方资源和考核结果，整合现有供方资源，淘汰劣质供方资源			
（2）	依据市场部产品及模块开发计划，以行业分类为基准，结合国家节能环保的要求，搜集采购信息，制订供方资源的开发计划			
（3）	按照行业分类，根据整合和开发计划，寻找优质的供方资源			
（4）	按计划对供方资源进行考察评审			
（5）	对于考察合格的供方，作为公司准入级的供应商，纳入供应商资源库进行管理，确保同类业务培养 2—3 家供应商			
4.2	优化和培养储备关键物料的供应商，特殊物料供应商采用控股等手段进行管控			
4.2.1	整合关键物资和重要物资供应商资源			
（1）	定义并识别关键和重要物资			
（2）	对于需求较大的关键物资配备 2 家以上供应商，制定管理规则，按照质量和合作情况设置分配比例			
（3）	完成对电子物料供应商的整改			
a	对现有供应商进行梳理整合			
b	开发具有代理或授权资质的供应商或规模较大的贸易商			

续表

序号	策略及行动计划	实施时间	完成时间	牵头责任部门
c	根据不同供应商的优势确定每家供应商采购电子物料种类			
d	对现有的电子物料进行清理,确定现有电子物料的品牌和规格			
e	需要进行供应商切换的物料由新的供应商进行打样并由工艺质量部进行样品确认			
f	完成供应商的切换,实现供应商整改			
4.2.2	开发并扩充拥有关键核心技术及工艺的供方资源,对特殊物料供应商采用控股等手段进行管控			
(1)	制定拥有关键核心技术及工艺(包括特殊物料)供应商清单			
(2)	评估拥有关键核心技术及工艺(包括特殊物料)供应商对公司的风险			
(3)	开发新的拥有同类核心技术和工艺的供应商资源,形成供应商资源库			
(4)	制定对拥有关键核心技术及工艺(包括特殊物料)供应商管控的方式(如入股、控股、战略合作、收购等),并与供应商进行协商谈判			
(5)	对供应商正式实施管控措施			
(6)	分析管控措施的效果并进行改进			
4.3	与关键物料供应商联合行动,共同制订改善措施,促进提升			
4.3.1	组建供应商管理团队,依据供应商管理规范评审关键物料供应商合作情况,制订改善措施跟进落实			
(1)	根据评审结果向供应商提出整改要求及完成时间			
(2)	对整改结果进行确认,并要求供应商提供持续改进方案			
(3)	不定期地对供应商进行巡察,跟进记录供应商持续改进情况			
4.3.2	通过推行SQE、开展QCC等专项活动,提高供应商的质量管理水平,实施供方检验			
(1)	收集问题,逐个解决,并且做到追踪溯源,从设计源头上解决			
(2)	识别关键物料供应商的关键工序与关键过程,推进过程监控管理,关键过程需要衡量过程能力,建立基本规则与作业文件,内容包括热处理、关键物料材质管理等			
(3)	推进供应商关键过程的操作记录,形成模板与规则			
(4)	关键及重要物料,实施供方检验			
a	分析识别实施供方检验物料及供应商,形成清单			
b	实施供方检验,将来料检验的重任交给供应商,公司只针对一些特定指标,如成品性能要求对来料的一些特定的质量要求、各部件颜色等统一性的要求进行把关,促使供应商从过程中保证产品质量,由被动改善转变为主动改善,加强双方合作关系			

续表

序号	策略及行动计划	实施时间	完成时间	牵头责任部门
（5）	与紧密合作供应商签订质量保证协议，出现质量问题按协议规定进行处罚			
4.3.3	实施"供应商末位淘汰制"，推进质量和交付改善			
（1）	每月对关键和战略供应商的交期和质量状况进行统计、排名、分析、通报			
（2）	每月组织工艺质量部、中心采购部与排名最后的关键物料供应商或战略供应商召开末位恳谈会，通知供应商必须派主管副总级以上人员参加会议			
（3）	要求末位供应商在会议上提出整改措施，并对改进措施的落实情况及效果进行通报			
4.3.4	对供应商开展认证工作，规范供应商原料的采购渠道，建立供应商采购资源的共享，掌握供应商原料采购价格的主导权			
4.4	选择关键物料供应商建立战略合作关系			
4.4.1	分析上游供应商行业状况，选择关键物料供应商建立战略联盟			
（1）	确定战略合作对象，重新定义战略合作协议内容，探讨战略合作方向，发布战略合作协议书（包括最终客户导向、职能交叉高层管理参与、合作双方互通长短期计划、共担风险、机遇分享、标准化、合营、共享数据、采购的总成本等相关内容）			
（2）	建立战略与关键物料供应商定期走访及沟通交流规范并实施，防止采购风险			
（3）	取消从中间代理商采购的环节，由生产商建立双方战略合作关系			
4.4.2	向战略供方及合作伙伴推行"军代表"管控方法			
（1）	成立"军代表"管理团队，确定"军代表"管理方法，明确团队成员职责			
（2）	确定推行"军代表"管控的供应商名单			
（3）	向供应商宣导"军代表"的管理思想，寻求供应商的支持			
（4）	向供应商正式派驻"军代表"进行管理，对供应商的质量管理、交期安排、成本控制等进行诊断、分析、组织改进，进行认证，形成认证供应商管理规范			
（5）	对"军代表"的管控效果进行确认和总结，制订下一步的行动计划			
5	明确人才需求，加强供应链关键人才的引进和培养			
5.1	识别分析供应链关键人员能力需求及现状差距，制订培养及引进计划			
5.2	引进及培养供应链战略管理、高级精益生产及工艺管理、高级全面质量管理、高级供应链计划管理、高级物流管理等人才			
5.2.1	建立关键人才任职资格标准，明确人才需求			
5.2.2	设计关键人才培育课程体系与考核标准，组织实施现有人员的培训			

续表

序号	策略及行动计划	实施时间	完成时间	牵头责任部门
5.3	非关键岗位实施外包			
6	实施供应链信息一体化建设			
6.1	推动供应链信息化建设，明确供应链内外部信息搜集的途径、信息的类型和内容、信息搜集的频次、传递的方法、管理的方式、责任部门等			
6.2	打通供应链上下游信息共享，提高信息流转速度			
6.2.1	推动营销系统信息的共享，加快市场信息的流转，提高销售预测的准确性			
6.2.2	实现与供应商的管理软件对接并建立相应的管理体系			
（1）	供应商主要生产条件及其变化情况在系统中能够查阅			
（2）	实现供方库存信息的共享，随时了解订单在供方的生产安排情况			
（3）	供方能够及时地掌握订单在公司的交付情况，包括交付时间、品质等			
（4）	供方能够及时地获取公司相应的销售预测并做出相应的前期准备，缩短交付周期			
6.3	组织对供应链信息管理的总结分析，提出改进意见			
6.4	实现信息系统的持续改进，完善内外部信息系统			
7	建设工业园，逐步实现生产、物流、质量监控自动化、半自动化改造			
7.1	建设工业园			
7.2	生产自动化半自动化改造			
7.2.1	在前期需求识别、分析、制订初步方案的基础上，结合产品模块化管理，修改完善包装半自动化改造方案，实施包装半自动化改造			
7.2.2	实现部分生产工序自动化、机械化生产			
（1）	对主打产品装配操作进行归类、定义、分析，形成实现自动化、半自动化需求计划			
（2）	聘请专业公司及专家团队设计、规划，形成方案			
（3）	组成公司内部专家团队，评审确认生产装配自动化、半自动化改造方案并实施			
（4）	建造两条主打产品半自动化生产示范线			
（5）	总结经验，在内部推广，实现主要产品的自动化、半自动化装配			
7.2.3	实现内部物流配送自动化、半自动化			
（1）	收集整理现有物流配送存在的劳动强度大、影响效率、影响质量等方面的问题			
（2）	对收集整理问题进行归类、分析，形成物流配送自动化、半自动化需求计划			

续表

序号	策略及行动计划	实施时间	完成时间	牵头责任部门
（3）	聘请专业公司及专家团队设计、规划物流配送自动化、半自动化，形成方案			
（4）	组成公司内部专家团队，评审确认物流配送自动化、半自动化改造方案并实施			
7.2.4	实现半自动化仓储（包括硬件设备及软件控制系统）			
（1）	收集整理现有仓储方式存在的劳动强度大、影响效率、影响质量等方面的问题			
（2）	对收集整理问题进行归类、分析，形成仓储半自动化改造需求计划			
（3）	聘请专业公司及专家团队设计、规划仓储半自动化改造，形成方案			
（4）	组成公司内部专家团队，评审确认仓储半自动化改造方案并实施			
7.2.5	建立产品自动跟踪识别系统，对产品进行制程与售后全程追踪识别管理			
（1）	提出产品自动跟踪识别需求			
（2）	聘请专业公司及专家团队设计、规划产品自动跟踪识别系统，形成方案			
（3）	组成公司内部专家团队，评审确认产品自动跟踪识别系统方案并实施			

二、供应链资源配备计划表

供应链资源配备计划表

年度	年	年	年
人员需求			
采购管理人员			
精益生产管理人员			
工艺管理人员			
质量管理人员			
计划管理人员			
物流管理人员			
供应链战略管理人员			
工厂及现场管理人员			
资金需求			
基础设施设备			

续表

年度	年	年	年
（自动化/半自动生产线、半自动物料配送线、检测设备）			
争创现场管理星级评价五星奖相关费用			
采购预算			
其他费用预算			
其他			
管理软件系统	ERP 实施完善（内部）	与供应商 EDI 数据交换平台	ISC 集成供应链管理软件
信息需求			
市场需求信息			
市场产品使用情况			
材料行情信息			
行业技术信息			
供应商信息			
产品认证信息			
客户满意度信息			
竞争对手与标杆信息			
外部资源			
供应链管理专家团队			
国际物流公司（含报关）			
供应商资源（生产性物资、非生产性物资、设计院、专业施工组织）			
计量检测与认证机构			

三、供应商供应链安全评估表

供应商供应链安全评估表

供应商名称（盖章）：		地址：	
法定代表人：		供应产品：	
联系人（签名）：		联系电话：	
评审方式：			供应商自审

续表

审查内容	是	否	分数
一、保安系统管理			
1. 是否有专人负责保安装备事宜 姓名：　　　　　　　联系电话：	√		2
2. 每个部门是否有指定保安代表负责保安实施及审核货物交收过程中的保安问题	√		1
3. 是否有书面的保安政策及程序，包括实体保安、门禁管理、保安的教育和培训、货柜保安、提货单及运输保安、出入货物管理以鉴定是否有超重或短缺以及是否有不明物品或违禁物品	√		1
4. 是否有书面程序汇报及调查与保安有关的事件，并定期向海关或执法部门汇报		√	1
5. 是否与当地执法部门维持良好的关系	√		1
6. 当有保安事件发生时，是否存在有效的通报程序通知保安人员和执法部门	√		1
7. 是否有与执法部门、公司管理层、客户和承包商紧急联系的电话以供不时之需，并定期进行更新联系电话	√		1
8. 企业内部是否定期对保安事件包括交收、制造及货物存放进行自我审核	√		1
9. 是否有书面的保安改进计划		√	1
10. 是否参与过其他类型的国外海关供应链的保安计划		√	1
11. 是否核实派发物件和信件接收人员的身份并对收到的物件和信件做定期抽查	√		1
二、实体保安及门禁管理			
1. 是否有制定实体保安的书面程序	√		1
2. 是否在货物作业区域和存放区域装置围栏或天然屏障以阻止非授权人员进入	√		1
3. 围墙内外是否清除杂物（如灌木丛、树木或其他植物等），以保证保安人员的视线无遮无挡，能及时地发现躲藏或爬入人员	√		1
4. 是否定期视察外围并确保其状态良好？	√		1
5. 是否良好地控制非授权车辆出入建筑物，尤其是在货物交收、货仓、装货及货物存放的地方（是否安排人员看守及保安是否有明确的书面岗位守则）	√		1
6. 是否有验明进出司机身份的措施	√		1
7. 是否有良好的控制装置阻止非授权人员出入建筑物，尤其是在货物交收、货仓、装货及货物存放的地方	√		1
8. 职员进出公司作业区的人数是否限制到最低限度及是否有保安人员看守或安装电子设备，防止非授权人员进入	√		1
9. 员工上班是否佩戴工作证，是否对未佩戴者进行盘问	√		2

续表

审查内容	是	否	分数
10. 工作证上是否附有该员工的相片	√		1
11. 任何访客或工作伙伴是否经过管理层批准，是否检查他们的身份证及做登记并派发访客证	√		2
12. 是否有安排员工陪同访客	√		1
13. 公司是否制定政策阻止员工带私人物品进入工作区或检查其随身物品，以防止员工带入不明物品或擅自带走公司的财产	√		1
14. 是否抽查垃圾房及垃圾搬运过程并进行监管	√		1
15. 公司内部包括入口大堂以及装卸货区同紧急出口是否有照明设备	√		1
16. 人员进出口、紧急出口、装卸货区的出入口、货柜箱存放区和货柜停放区的照明是否充足，是否足以令监控系统的影像清晰	√		1
17. 所有建筑物是否足以坚固抵制非法入侵，并定期进行检验	√		2
18. 是否保持所有门窗关闭以防止非授权人员进入，或安装防盗自动报警感应器等装置并由当地警方或控制中心监控以防止受到攻击或损害	√		1
19. 是否有监控装置覆盖公司出入口包括人员进出口、紧急出口、装卸货区的出入口、拖车和货柜箱装卸货区以及货物存放区	√		1
20. 监控录下的影像是否保存至少 45 天	√		1
21. 监控是否每 3～6 个月自动更换以确保录像质量并随时加以复查	√		1
22. 是否装置有效的警报系统，在非作业时段防范并阻止非授权人员进入货物处置及存放区	√		1
23. 是否有效控制人员随意进入警报系统和监控中心	√		1
24. 保安人员是否有效坚守岗位？如有，是否有文件记录此岗位的任务及工作程序，易于理解并加以更新	√		2
25. 是否按照国际、本地、昂贵品、危险品分隔货物并加以注明	√		1
26. 是否安装计算机系统保安装置（如用户密码、系统防火墙、病毒防护装置及服务器安全等）	√		1
27. 锁及钥匙的使用保管过程是否安全	√		1
三、人事保安和教育培训意识			
1. 是否对所有新旧员工提供保安意识的教育？此教育是否包括防止非授权人员进入、恐怖活动的威胁、保持货物完整等方面	√		1
2. 公司是否制定行为规范明文条例	√		1
3. 员工是否受训并能够分辨可疑或违法行为并进行举报？是否设有员工举报热线或其他程序鼓励员工汇报任何错误行为	√		2
4. 是否对身处要位的员工进行识别文件诈骗和计算机保安培训	√		1
5. 举报的员工是否得到奖励	√		1

续表

审查内容	是	否	分数
四、程序、文件处理、提货单和信息保安			
1. 是否提供保安措施以保证供应链上的运输、货物处理和存放过程安全无误	√		1
2. 是否提供程序保证货物交易的文件数据清晰、完整及准确，避免丢失或提交不准确的数据，并实时通知海关	√		2
3. 是否提供程序保证货物交易方及时收到准确的文件数据	√		1
4. 此自动程序是否有安排专人负责并定期改变密码	√		1
5. 是否对接触该等交易数据并允许输入或变更交易数据的人员有所限制	√		1
6. 对计算机系统保安是否有制定标准的明文条例	√		1
7. 员工是否受过到信息安全培训	√		1
8. 是否装有程序可随时鉴定未经授权进入公司的IT网络，企图擅自改动或变动公司的商业资料	√		1
9. 对该类员工是否有采取合适的惩罚	√		1
五、交收货物			
1. 是否制定书面保安程序（包括对进出货物的处理措施）以防止混入非法物品、调包或其他损失	√		1
2. 是否有分隔装卸货区，并限制非授权人员进入	√		1
3. 是否制定程序确保盘问及阻止非授权或身份不明的人员进入厂区及装卸货区	√		1
4. 是否将私人停车区与装货区及货物存放区隔离开来	√		1
5. 是否核对运货单和包装单上的货物并及时地向管理层汇报有关货物超额、短缺、损坏或其他反常现象	√		1
6. 是否有指定安全主管负责监察装卸货物的过程	√		1
7. 此主管是否有签字同意交收货物或指明有何不符合的地方	√		1
8. 是否验明进出货车、司机和拖车并登记在记录表中	√		1
9. 是否验明司机的有效驾驶执照并把执照号码及驾驶的车辆或拖车的车牌登记在记录表中	√		1
10. 是否系统地监察或追踪货物的出入事件	√		1
11. 是否在装卸货区及拖车/集装箱停放区安装监控？监控是否处于正常使用状态	√		2
12. 是否制定程序察觉并汇报不准确的封条或遗失封条，以及有关货物超额、短缺、损坏或反常现象		√	2
13. 是否制定程序汇报发现非授权人士、不明物料或不法行为	√		1
14. 是否对货物进行准确的标识、记数、称重并记录在运输单和提单上	√		1

续表

审查内容	是	否	分数
15.空置的或载有货物的集装箱是否安全以防止被人放置不明物品或危禁品，或集装箱内的货品被人盗窃	√		1
六、集装箱保安（若有使用到集装箱，请回答如下问题）	不适用		
1.是否有书面程序指引集装箱装载货物前如何检验其完整性			1
2.检验过程是否包括七个点（前、左、右、底、内外顶、内外门和外底盘）			1
3.检验集装箱的人员是否有在检验单上签名			1
4.集装箱或拖车的封条质量是否已达到标准			2
5.是否有明文规定如何保管及使用哪些封条			1
6.用来识别的封条是否需要汇报给海关和当地有关机构			1
7.封条号码是否有记录在运输单上			1
8.是否妥善保管封条及委派专人管理			1
9.是否所有集装箱或拖车等结构密实并状态良好			1

备注：（1）评估分数在60分以下为不合格供应商。
　　　（2）评估分数在61—90分为合格供应商。
　　　（3）评估分数在91—100分为优秀供应商。

得分：　　　　　　　批准：　　　　　　　日期：

第二章

供应商的开发与管理

第一节　供应商的开发与管理要点

供应商的开发和管理是整个供应链体系的核心，其表现也关系到整个采购部门的业绩。一般来说，供应商开发包括的内容有：供应市场竞争分析、寻找合格供应商、潜在供应商的评估、询价和报价、合同条款的谈判、最终供应商的选择、激励、管理。

一、供应商开发

供应商开发的基本要求是质量、成本、交付与服务并重，具体的要求如下：

（1）质量因素是最重要的，首先要确认供应商是否建立了一套稳定有效的质量保证体系，然后确认供应商是否具有生产所需特定产品的设备和工艺能力。

（2）其次是成本与价格，要运用价值工程的方法对所涉及的产品进行成本分析，并通过双赢的价格谈判实现成本节约。

（3）在交付方面，要确定供应商是否拥有足够的生产能力、人力资源是否充足、有没有扩大产能的潜力。

（4）最后一点，也是非常重要的，就是供应商的售前、售后服务的记录。

二、供应商沟通

企业和供应商要进行双向沟通，首先必须有沟通渠道。企业通常会选择几个沟通渠道，采购主管应该利用好这些渠道。沟通渠道包括以下几个方面：

（1）负责沟通的部门及人员。

（2）供应商接受沟通的部门及人员。

（3）沟通的方式，例如微信、电话、远程会议、走访等。

（4）沟通的具体规定，包括定期的和不定期的，定期的如远程会议、走访；不定期的如因临时出现问题而采取的电话、微信沟通。如果企业的供应商数量较多，那么可以通过召开供应商大会来开展沟通工作。为了使双向沟通更有效，供（需）都应建立相应的程序。而该程序应当规定定期沟通和不定期沟通的时间、条件、内容、沟通方式等，必要时还应有专门的沟通记录。

（5）沟通的状况，应当作为供应商的表现之一，并将其纳入对供应商的监督、考核之中，作为评定其等级的条件。

（6）对拒绝沟通或沟通不及时的供应商，则要让其限期改进。如果供应商不改进，就应考虑将其从合格供应商名单中除去。

三、供应商扶持

1. 供应商扶持时机

对采购部来说，通常在以下几种状况时启动供应商扶持较佳：

（1）为使企业产品走向更高端位置，计划在品质上要有较大的提升。

（2）企业本身已有一批低价低品质的供应商，并且该供应商都有长期配合的强烈愿望和基本条件。

（3）一批长期配合且配合较好的供应商在近一段时期内品质有大幅下降时。因为此时大部分原因都是供应商的管理体系出了问题，如果通过扶持去改善管理体系，会有积极的作用。

2. 被扶持供应商应满足的条件

扶持计划中的供应商必须同时满足以下条件：

（1）企业需要该供应商的来料是长期大量或是潜在大量的。

（2）该供应商本身品质不够好，在目前同类供应商中的交货品质为中下。

（3）该供应商的价格水准等级较低，通常选用中下等级较为合适。如若要选最低等级的供应商，最好派出具有该供应商产品知识的专业人员做一个初步的诊断，因为最低等级的供应商有可能有一定的"作弊现象"。

（4）该供应商与企业的长期配合意愿程度较高。

（5）该供应商不能为家庭作坊形式，也不能是贸易商。

（6）今后的价格水准可以在一个相对较低的水准上。

四、供应商考核

供应商考核是指持续不断地对现有供应商保持监督控制，观察其是否能够实现预期绩效；对新供应商进行甄别，看其潜力是否能达到企业未来发展所需水平的过程。现有供应商是指已经通过了供应商甄别分析程序，并接受过至少一次订货的供应商。对其考核的目的是：

（1）掌握供应商的经营概况，确保其供应的产品质量符合企业的需要。

（2）了解供应商的能力和潜力。

（3）协助供应商改善质量，提高交货能力。

第二节 供应商的开发与管理制度

一、新供应商引入管理办法

标准文件		新供应商引入管理办法	文件编号	
版次	A/0		页次	

1. 目的

为了规范公司新供应商的引入，保证采购物资质量，提供稳定货源，特制定本办法。

2. 适用范围

本办法适用于因新产品开发、旧供应商所供产品严重影响产品质量或不能满足公司生产要求、替代及降低成本等情况需要开发新供应商的管理。

3. 定义

3.1 新供应商是指因新产品开发、供应资源开拓及降低成本等需要，新引进的全新供应商或老供应商的新物资。

3.2 合格供应商是指通过评审和确认有能力正常供货的供应商。

3.3 供应商移交是指新供应商转变成正常采购的供应商。

4. 权责

4.1 品管部

4.1.1 负责提出新产品开发涉及的供应商开发需求。

4.1.2 负责提出供应商质量水平低或整改不力需要开发替代新供应商的需求。

4.1.3 负责提出新原辅材料的质量要求，并编制原辅材料质量规范。

4.1.4 协助采购部进行原辅材料供应商评估与定期复核，分析与审核供应商的各种来料数据。

4.1.5 负责组织样品的检测及判定。

4.1.6 参与新原辅材料的试用和认定并提交试用报告。

4.1.7 负责对新原辅材料供应商的技术能力评审。

4.1.8 负责编制并与原辅材料供应商签订新原辅材料技术协议/质量协议。

4.1.9 参与原辅材料新供应商的资料评审和现场评审。

4.1.10 参与原辅材料新供应商品质保障能力的评估。

4.1.11 参与决定是否引入原辅材料新供应商。

4.2 体系中心
4.2.1 参与新供应商品质保障能力的评估。
4.2.2 参与决定是否引入新供应商。
4.3 采购部
4.3.1 负责提出拓宽供应资源和降低成本涉及的新供应商开发需求。
4.3.2 负责新供应商开发的搜源工作。
4.3.3 负责新供应商资料的收集、供应商选择、评估等。
4.3.4 负责供方调查表及其他供应商需提交评审资料的收集，采购框架协议、采购合同的签订。
4.3.5 负责新供应商供应保障能力和成本控制能力的评审。
4.3.6 建立及维护新供应商档案和供应商名录。
4.3.7 负责收集归档新供应商的评审资料，参与决定是否引入。
4.4 设备部
4.4.1 协同采购部评估备品备件供应商的技术资料及技术标准。
4.4.2 参与新供应备品备件的试用和认定并提交试用报告。
4.4.3 负责提出新备品备件的质量要求，并编制备品备件质量规范。
4.4.4 负责对新供应商的备品备件技术能力评审。
4.4.5 负责编制并与新供应商签订新备品备件技术和质量协议。
4.4.6 参与新供应商的备品备件资料评审和现场评审。
4.4.7 参与新供应商备品备件品质保障能力的评估。
4.5 生产部
4.5.1 协助采购部评估供应商的生产能力。
4.5.2 负责新供应产品的试用和认定并提交试用报告。
4.5.3 负责提出新供应商质量水平低或整改不力需要开发替代新供应商的需求。
4.6 财务部
协同采购部评估供应商的业绩、财务状况、信用记录等。
4.7 采购副总
4.7.1 负责新供应商开发和核准。
4.7.2 负责新供应商试用报告综合评价。
4.8 总经理
4.8.1 负责本办法的制定、修改、废止和核准。
4.8.2 负责新供应商开发和核准。
4.8.3 负责新供应商试用报告和核准。

4.8.4 负责新供应商批量采购和核准。

5. 过程流程图

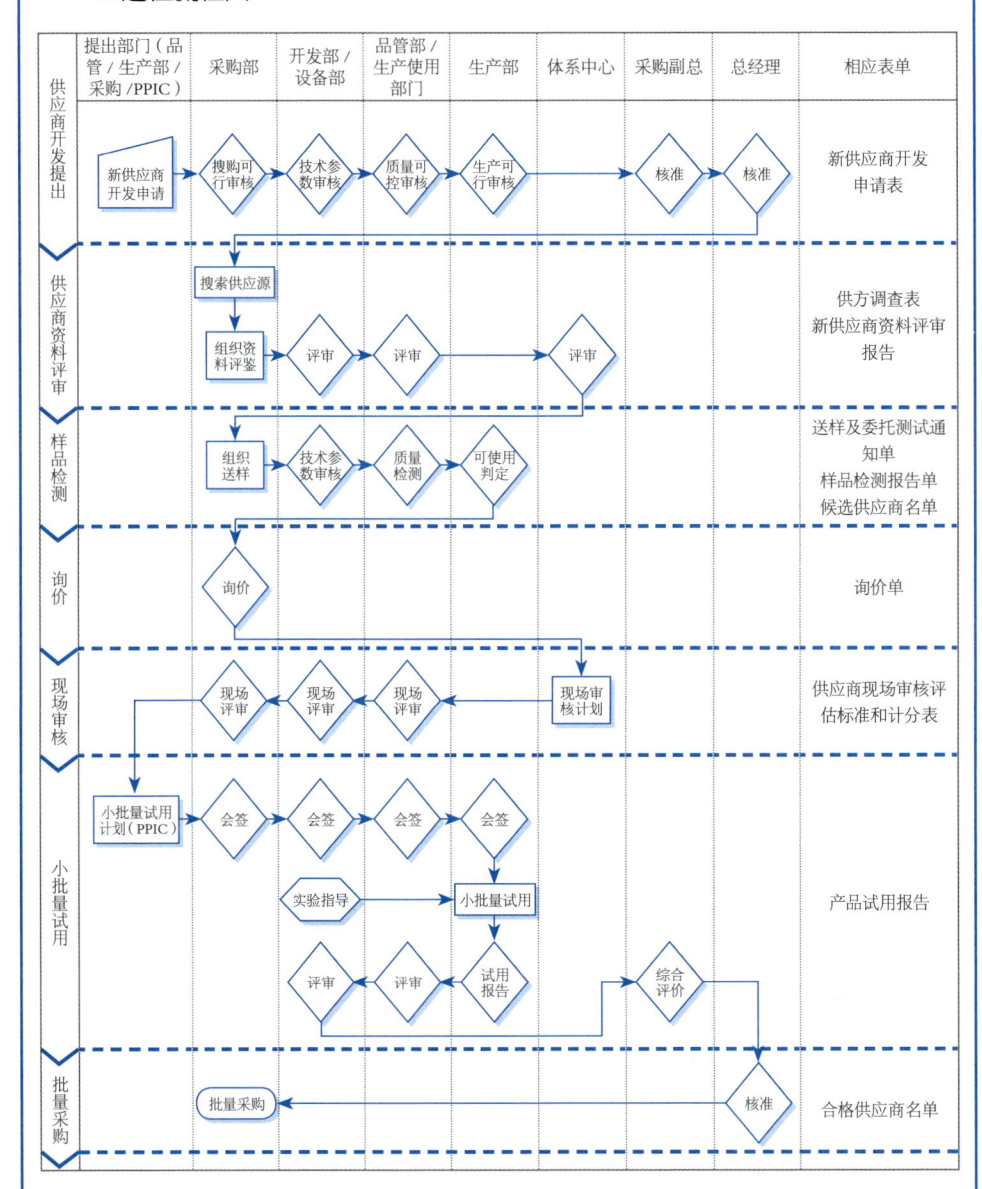

阶段	提出部门（品管/生产部/采购/PPIC）	采购部	开发部/设备部	品管部/生产使用部门	生产部	体系中心	采购副总	总经理	相应表单
供应商开发提出	新供应商开发申请	搜购可行审核	技术参数审核	质量可控审核	生产可行审核		核准	核准	新供应商开发申请表
供应商资料评审		搜索供应源 → 组织资料评鉴	评审	评审	评审				供方调查表 新供应商资料评审报告
样品检测		组织送样	技术参数审核	质量检测	可使用判定				送样及委托测试通知单 样品检测报告单 候选供应商名单
询价		询价							询价单
现场审核		现场评审	现场评审	现场评审		现场审核计划			供应商现场审核评估标准和计分表
小批量试用	小批量试用计划(PPIC)	会签	会签	会签	会签				产品试用报告
			实验指导		小批量试用				
			评审	评审	试用报告	综合评价			
批量采购		批量采购						核准	合格供应商名单

新供应商引入流程

6. 工作内容

6.1 新供应商开发需求的提出

6.1.1 供应商整改不力或所供产品严重影响本公司产品质量，不能满足公司生产要求需开发替代供应商的需求由生产部、品管部或 PPIC 提出；新产品开发涉及的新供应商开发需求由品管部提出；涉及拓宽供应商资源和降低成本的新供应商开发需求由采购部提出。

6.1.2 提出开发申请的部门填写"新供应商开发申请表"，原辅材料新供应商开发交采购部进行搜购审核，开发部进行技术参数审核，品管部进行质量可控审核，生产部进行可行审核，采购副总核准，由总经理签字后实施；供应商新的备品备件开发交采购部进行搜购审核，设备部进行技术参数审核，生产使用部门进行质量可控、可行审核，采购副总核准，由总经理签字后实施。

6.2 搜索供应源

6.2.1 供应商的搜源工作由采购部实施，对非标物资，使用部门与品管部门、设备部需积极配合。

6.2.2 标准新原辅材料、备品备件或替代、降本新原辅材料、备品备件的搜源工作，采购部可独立实施。

6.3 资料评审

6.3.1 供方调查表。

采购部负责向新搜索到的供应源发放和收集供方调查表，调查表包括以下内容：

（1）供应商经营资格及能力（包括人力资源情况、信息系统应用情况）。

（2）供应商认证情况及相关资质。

（3）供应商主要产品结构。

（4）供应商主要生产及检测设备清单。

（5）关键（特殊）工序控制情况。

（6）主要供应商清单（与原材料相关的）。

（7）供应商主要客户清单。

（8）供应商主要联系人清单。

6.3.2 证实性材料。

除完整填写供方调查表外，采购部还应要求供应商提交但不限于以下真实性材料：

（1）营业执照复印件。

（2）税务登记证复印件。

（3）新供应商股东构成证明文件（工商局备案）、组织架构图。

（4）质量体系认证书。

（5）产品认证书。

（6）相关资质认证书。

（7）有毒有害物质的检测报告。

（8）产品型式试验报告（国家权威部门）。

（9）产品规格书。

（10）工厂的具体位置图。

（11）工厂近期图片（厂房外景、厂家内部生产线、实验室）。

（12）代理型供应商提供但不限于以下资料：代理授权书（原件审核）、产品原产地证明、生产商简介、生产商质量体系认证证书、代理商简介、代理商营业执照。

6.3.3 采购部、体系中心和品管部对供应商提交的资料进行评审。评审结果填入"新供应商资料评审报告"，资料评审后，将评审结果汇总至采购部。

6.3.4 资料评审中品质保障部分得分＜36分或资料评审总得分＜70分，判定为不合格，则停止该供应商的引入；若品质保障部分得分≥36分且资料评审总得分≥70分，判定为合格，须在资料评审结论中注明是否需要现场审核。如新供应商资料评审不合格，须整改合格后再现场审核。

6.3.5 在资料评审时，需同时兼顾以下几个原则：

（1）新供应商的专业生产经验：主料类至少3年，辅料类至少2年，包装类至少2年，备品备件类至少3年。

（2）必须通过ISO质量体系认证。

（3）资料评审不合格，如规模太小、客户水平低、没有通过体系认证、关键工序能力不足、没有相关检测设备等，就不再进行现场审核，供应商引入自动停止。

6.4 样品评估

6.4.1 样品的评估主要适用于原辅材料的新供应商的开发，备品备件的新供应商的开发根据实际情况而定。

6.4.2 资料评审通过，采购部可向供应商提出送样需求。

6.4.3 供应商送样后，由采购部填写"送样及委托测试通知单"，将样品送品管部。

6.4.4 品管部相关负责人在"送样及委托测试通知单"上明确检测项目、检测要求和周期，并签字确认。可自行完成检测的，将样品和"送样及委托测试通知单"送至检测人员；若无法自行检测的，将样品和"送样及委托测试通知单"送至具备检测资质的第三方检测机构。

6.4.5 品管部负责搜集检测数据，进行综合判定，并出具"样品检测报告单"，如检测不合格，则反馈给采购部，采购部要求供应商重新送样。同一供应商同一原料连续三次提供的样品不达标，则该供应商引入自动停止。

6.5 询价

样品检测合格后,采购部填写询价单进行市场调查,如果报价超过预算标准的 20%,则该供应商引入自动停止。

6.6 新供应商现场审核

6.6.1 样品检测合格后,体系中心可制订审核计划,组织采购部、品管部、部开发部、设备部等技术相关人员对新供应商进行现场审核。引入新供应商为国内供应商或代理贸易商,原则上需实施现场审核。

6.6.2 现场审核由采购部主导,品质人员负责品质保障能力的审核,采购人员负责供应保障能力的审核,设备部等技术人员负责技术保障能力的审核。审核人员回避原则:负责直接引入供应商的人员原则上不作为供应商现场评审组审核员。

6.6.3 审核的具体流程参照"供应商现场审核评估标准和计分表"执行。

6.6.4 参与审核的每个部门必须出具书面的审核报告,对各自审核结论的有效性和客观性负责。

6.6.5 现场审核过程中如发现供应商之前提交的资料有作假、伪造行为,应立即停止引入工作。

6.6.6 新供应商现场审核得分:

(1) 90 ≤ 总分 ≤ 100,可以直接列为候选供应商。

(2) 70 ≤ 总分 < 90,1 个月内完成不合格项的整改,验证不合格项关闭后可列为候选供应商。

(3) 60 ≤ 总分 < 70,必须在 3 个月内完成整改并由采购部重新组织申请复评。

(4) 总分 < 60,原则上停止引入,如要求复评,必须在半年后且整改完成后进行。

6.7 小批量试用

6.7.1 小批量试用主要针对原辅材料新供应商的开发,备品备件的新供应商的开发根据实际情况而定。

6.7.2 样品检测合格,品管部将合格的检测报告交采购部,采购部凭合格的检测报告小批量采购并通知 PPIC 安排相关产品线试用。

6.7.3 生产部根据要求对样品进行试用和评估,并给出认定结论,填写"产品试用报告"交由 PPIC 与品管部(原辅材料)、开发部和采购部、设备部(备品备件)共享。

6.7.4 资料评审、样品检测、现场审核均通过的新供应商可列为候选供应商,请购部门提交采购申请,由采购部向供应商下达采购订单,具体按《请购流程管理规定》执行。

6.7.5 小批量采购的物资首批必须在所有的常规检测和型式检验项目检测均合格后，方能投入试用。试用完成后，由生产部、品管部或设备部将评估结果填入"产品试用报告"上报给分管采购副总进行综合评价，报总经理批准。

6.7.6 小批量采购的物资进厂检测不合格或试用不合格，由品管部（原辅材料）或设备部（备品备件）通知采购部暂停采购，并要求供应商整改重新送样，确认检测和使用均合格后，方可继续小批量采购；如连续两次送样检测不合格或试用不合格，品管部（原辅材料）或设备部（备品备件）通知采购部考虑更换供应商。

6.8 批量采购

小批量采购的原辅材料检测和使用均合格后，由采购部分配采购比例，可批量采购。

6.9 供应商引入及移交

6.9.1 新供应商在原辅材料小批量试用阶段，仍属于候选供应商，要转为合格供应商，必须签订供货框架协议、技术协议或质量协议方能转为合格供应商引入。如新供应商不签订上述协议，则立即停止该供应商的引入。

6.9.2 备品备件新供应商引入无法配合样品检测和小批量试用的，如资料评审和现场审核合格即将其列入候选供应商，经生产试用后，填写"产品试用报告"，合格者方可列入合格供应商。

6.9.3 新供应商进入批量采购阶段，采购部可将其从候选供应商转为合格供应商，并将该供应商加入合格供应商名录中。

拟定		审核		审批	

二、供应商业绩考核管理办法

标准文件		供应商业绩考核管理办法	文件编号	
版次	A/0		页次	

1. 目的

为提升质量、稳定供货、迅速开发新产品、优化配套体系，对供应商进行动态管理，特制订本办法。

2. 适用范围

本办法适用于所有已在进行产品开发和批量供货的非进口供应商。

3. 定义和术语

3.1 有条件供货：即暂时供货，视重要程度和风险大小，有条件供货的价格要下浮 5%～15%，整改周期短的在 1 个月内、周期长的在 3 个月内未完成整改的，供货价格将在此基础上进一步下浮 10%。

3.2 客户综合意识提升培训班：当单项扣分或一定时期内累计扣分达到一定分值时，由采购部组织供应商主管总经理、部门负责人及工程师参加客户综合意识提升培训班，重点学习公司的各种系统要求，针对问题和风险认真制订纠正和预防措施，并落实整改。

3.3 暂停采购与配送：在质量问题原因未查明前及单项或一定时期内累计扣分超过一定分值时，对瑕疵产品所采取的临时停止采购和上线使用的行为。至问题查明或整改措施已落实时，可取消暂停的状态。

3.4 产品停用：当产品发生重大、严重批量性质量问题或一定时期内累计扣分超过一定分值时，对供应商相应产品采取停止采购和使用。产品停用 3～6 个月后，才可以考虑恢复其供货，恢复供货的程序按相关条款的规定执行。

3.5 一般性质量问题：未出现影响产品的关键尺寸、功能、性能、可靠性、耐久性项目，仅在外观或非关键尺寸上有明显瑕疵的质量问题。

3.6 重大质量问题：影响到产品功能、性能、可靠性、耐久性的质量问题，或严重影响顾客满意度的外观缺陷。

4. 职责

4.1 由采购部、质保部、研发部分别对供应商从供货、物流、服务、备件、质量、产品开发等各方面进行扣分并按月汇总，上传至系统。

4.2 采购部负责对扣分的汇总和公布，归口管理供应商业绩考核记录的存档和维护。

4.3 采购部负责供应商处罚的执行，处置方案由三部门共同提出并报公司分管领导批准。

4.4 质保部、研发部对业绩评价情况进行查询、核对，对执行情况和效果进行监督，并提出改进要求。

5. 考核程序

5.1 处罚类别

处罚类别包括赔偿和补偿、参加客户综合意识提升培训班学习、暂停采购及配送、新产品开发限制、供应商降级、削减供货份额、产品停用、取消配套资格。

5.2 扣分项目及细则

（见下页表）

项号	扣分细则	扣分值	考核部门
1	单项扣10分项目		
	擅自更改产品非主要特性	−10	质保部、研发部
2	单项扣20分项目		
2.1	新产品送样连续3次以上不合格（对同一产品而言）	−20	研发部
2.2	发现供应商开发手段、软件接口等不能满足现进行的新产品开发要求，也不能在约定时间内整改到位	−20	研发部
3	单项扣30分项目		
3.1	供应商不具备必要的质量控制手段，或手段无效，也未在约定时间内整改到位	−30	质保部
3.2	半成品、成品和物流管理混乱且未能在约定时间内整改到位	−30	质保部、采购部
3.3	关键工序失控、未达到要求且未能在3个月内整改到位	−30	质保部
3.4	发生重大质量问题，且产生的原因已在24小时内得到控制	−30	质保部
4	单项扣40分项目		
	发生重大质量问题，且产生的原因未在24小时内得以控制	−40	质保部
5	单项扣50分项目		
5.1	新产品开发试验重要项目漏项或弄虚作假	−50	研发部、质保部
5.2	非法转让技术资料	−50	研发部
5.3	已供货供应商质量体系或过程能力未能在规定期限内提高到指定的水平	−50	质保部
6	单项扣60分项目		
6.1	擅自变更生产场地/关键工装设备/主要原材料/主要二级供应商/主要产品特性或尺寸	−60	采购部、质保部、研发部
6.2	组织机构发生重大调整/企业名称、性质发生重大变更而未通知本公司供应商管理部门	−60	采购部、质保部、研发部
6.3	未经正常程序，借壳进入公司	−60	采购部、质保部
6.4	向公司有关人员行贿，间接导致重大质量事故	−60	采购部、质保部、研发部
6.5	未经同意擅自将公司产品提供给第三方销售和赢利	−60	采购部
7.	其他非否决性扣分项		

续表

项号	扣分细则	扣分值	考核部门
7.1	必要的计划、图纸、技术标准、报告等未按要求提供,每延迟一天	−0.5	研发部、质保部
7.2	产品开发中的技术支持和技术交流不主动、不充分,每次	−2	研发部
7.3	新产品开发送样,每延迟1天	−0.5	研发部
7.4	产品开发送样不合格,每次	−1	研发部
7.5	产品开发成本控制差,每次	−1～5	研发部
7.6	产品开发试制使用的原材料、模具开发商、委托试验的受委托方均应经公司确认,否则每次	−3	研发部
7.7	产品开发其他项目未达到协议要求,影响总体开发计划完成的,每延迟1天	−1	研发部
7.8	产品优化配合不主动或敷衍	−5	研发部
7.9	产品优化方案提交,每延迟1周	−1	研发部
7.10	产品优化方案实施,每延迟1周	−1	研发部
7.11	质量问题未按要求整改到位,每延迟1天	−0.5	质保部
7.12	出现质量问题时,供应商不积极配合分析,并及时地反馈结果的,每次	−5	质保部
7.13	进货检验不合格,每拒收一批	−5	质保部
7.14	进货检验不合格,每让步一批	−2	质保部
7.15	提供的自检报告作假,每次	−2	质保部
7.16	外协件发生批量的一般性质量问题	−5	质保部
7.17	自检报告、供货清单填写不规范(未按公司要求),每次	−0.5	质保部、采购部
7.18	因外协件质量问题导致的退件PPM在TOP10以内	−3 −1	质保部
7.19	退件PPM远超过目标值(不在TOP10以内,关键件、重要件功能性问题超过1000PPM,其他问题超过5000PPM)	−1 −0.5	质保部
7.20	供应商问题导致生产线停线,每分钟	−0.5	质保部、采购部
7.21	AUDIT出现B级以上质量缺陷时,每次每项缺陷	−1	质保部
7.22	批量供货中性能或型式试验报告未按时提供,每种件每次	−2	质保部
7.23	批量供货中性能或型式试验报告作假,每种件每次	−5	质保部
7.24	由于自身管理缺陷,导致与主机厂沟通渠道不畅	−5	采购部、质保部、研发部

续表

项号	扣分细则	扣分值	考核部门
7.25	对售后服务配合不积极（如宣传、索赔鉴定），每次	−3	采购部、质保部
7.26	没有按计划/订单时间、数量到货，但未造成停线的，每次	−1	采购部
7.27	未按照标准高度码放、包装或器具不能满足配送要求的，每次	−0.5	采购部
7.28	未按协议或产品特性要求进行有效防护的，如防潮、防震、防尘、防腐蚀等，每次	−2	采购部
7.29	没有按照秩序等待卸货的，每次	−0.5	采购部
7.30	零部件包装标识不正确/不完整/不便于追溯或不符合协议规定的，每次	−1	采购部
7.31	非免检产品贴免检标识的，每次	−5	采购部、质保部
7.32	未经许可，擅自更改包装的尺寸规格、数量，每次	−2	采购部
7.33	装箱数量不统一（零头箱除外），每次	−1	采购部
7.34	物流器具不能按要求及时返回，超出定置的限量时，每天	−0.5	采购部
7.35	供货时器具未清理干净/器具未维护，每个	−0.5	采购部
7.36	没有按规定的时间进行不合格件的处理，每延迟1天	−0.5	采购部
7.37	非直接从货款中扣除的方式支付仓储费的，每延迟1天支付	−0.5	采购部
7.38	正常供货3个月后仍未签订仓储合同的，每推迟10天	−2	采购部
7.39	5天内没有确认订单，每推迟1天	−0.5	采购部
7.40	发票不按规定开出的，每次	−1	采购部
7.41	小批量试装时，售后备件没有准备好，每延迟1天	−0.5	采购部
7.42	生产停用件，在没有可替代件的前提下，供应商必须保障10年内的备件供应，在计划准确的前提下断货的，每天	−1	采购部
7.43	与指定联系人10分钟以上联系不上，每次	−1	采购部、质保部
7.44	相关人员未能在约定时间内到达公司，且无合理解释的，每次	−0.5	采购部、质保部、研发部
7.45	服务人员不胜任，又不能在约定时间内置换到位的	−5	采购部、质保部
7.46	服务人员不遵守公司各项管理规定的，视严重程度，每次	−1～−5	采购部、质保部
7.47	把退回的不合格品擅自重新返回公司作为生产或备件，一经发现，每次	−5	采购部、质保部

续表

项号	扣分细则	扣分值	考核部门
7.48	提供价格信息不实，也不能提供可信的详细资料或说明，每例	−2	采购部
7.49	供应商必要的企业、产品、质量、供货等信息未按要求传递至本公司系统，每次	−1	采购部、质保部、研发部
7.50	系统信息未得到及时更新的，每次	−0.5	采购部、质保部、研发部
7.51	违反协议规定，每次	−5	采购部、质保部、研发部

5.3 罚则

5.3.1 供应商要对由其造成的公司经济和品牌损失进行赔偿和补偿，包括但不限于以下方面：

（1）停线损失。

（2）返工人工费及连带损失。

（3）售后索赔及连带损失。

（4）因延迟到货或到货不合格而采购其他替代产品给公司造成的额外支付，如价格差额、运输费用等。

（5）其他损失补偿。

5.3.2 单项扣分处罚。

出现单项扣分超过10分时，应按以下条款规定对供应商进行处罚：

（1）出现10分项时，将暂停采购和配送；1季度内连续出现3次同样的10分项时将对部分件进行停用和对供应商进行降级。

（2）出现20分项时，将停止供应商正在进行的新产品开发项目；1年内同样的20分项出现3次时取消其新产品布点的资格，并降低供应商级别。

（3）出现30分项时，将减少供应商部分产品供货份额；1年内同样的30分项出现2次时，将停用相关产品，在问题整改落实前不作为新产品布点对象，并降低供应商一个等级。

（4）出现40分项时，将停用相关产品，并对供应商降级；1年内出现2次40分项时将取消其新产品布点资格，并再降级一次，直至最低级；1年内出现3次则取消配套资格。

（5）出现50分项时，供应商将不作为新产品拟布点的对象并降级；50分项1年内出现2次时，取消配套资格。

（6）当60分项出现时，供应商配套资格将被取消。

5.3.3 累计扣分处罚。

（1）单月累计扣分超过20分的供应商均要派主要人员参加公司组织的客户综合意识提升培训班。

（2）单月累计扣分超过30分时，将对部分产品进行暂停采购和配送。

（3）季度累计扣分达60分或年度累计扣分达150分时，降低部分产品供货份额。

（4）季度累计扣分达100分或年度累计扣分达200分，停用相关产品；降低供应商级别，每增加40分降一级，直至最低级。

（5）年度累计扣分超过200分时，供应商不作为新产品拟布点对象。

（6）半年累计扣分超过150分或年度累计扣分超过250分时，取消配套资格。

5.4 处罚情形一览表

处罚类别	处罚情形
赔偿和补偿	凡给公司造成经济和品牌损失的问题和行为
参加客户综合意识提升培训班	（1）月累计扣分超过20分 （2）受到取消配套资格外的处罚时
暂停采购和配送	（1）出现10分项 （2）单月累计扣分超过30分
削减供货份额	（1）出现30分项 （2）季度累计扣分超过60分 （3）年度累计扣分达150分
停止正在进行的产品开发	出现20分项
零部件停用	（1）1季度内出现3次同样的10分项 （2）1年内同样的30分项出现2次 （3）出现40分项 （4）季度累计扣分达100分 （5）年度累计扣分达200分
供应商降级	（1）1季度内出现3次同样的10分项 （2）1年内同样的20分项出现3次 （3）1年内同样的30分项出现2次 （4）出现40分项 （5）季度累计扣分达100分 （6）年度累计扣分达200分
取消新产品布点资格	（1）1年内同样的20分项出现3次 （2）1年内同样的30分项出现2次 （3）1年内出现2次40分项 （4）出现50分项 （5）年度累计扣分超过200分
取消配套资格	（1）1年内出现3次40分项 （2）50分项1年内出现2次

续表

处罚类别	处罚情形
取消配套资格	（3）出现 60 分项 （4）年度累计扣分超过 250 分
有条件供货	对于达到暂停供货、降低份额、停用、取消配套资格条件的供应商，由于实际情况而暂时无法实施相应处罚，如独家供货或另一家能力严重不足时，可转为有条件供货

拟定		审核		审批	

三、供方产品质量赔偿管理程序

标准文件		供方产品质量赔偿管理程序	文件编号	
版次	A/0		页次	

1. 目的

为提高产品质量，落实质量责任，保护供需双方的合法权益，结合公司的实际情况，特制定本程序。

2. 适用范围

本程序适用于公司产品采购、外包生产过程的责任划分与赔偿管理。

3. 术语

3.1 质量协议：指供需双方按国家有关法规和相关标准签订的产品质量契约，是供货合同的一部分。

3.2 产品质量责任：指因产品质量不符合合同规定的质量要求，而应承担的责任。

3.3 质量赔偿：指由于供方的产品质量责任，供方依照本程序向需方赔偿损失的过程。

3.4 质量损失：指由于产品质量不符合质量协议要求所造成的损失，分为直接损失和附加损失。

3.5 直接损失：指不合格品本身和由其引起的相关产品报废的损失。

3.6 附加损失：指不合格品从流入需方生产过程中到被发现时为止所造成的连带损失，即指损失中除直接损失以外的损失。

3.7 标准价：指公司现行的产品结算价格。

3.8 其他术语：应用 GB/T6583-1994《质量管理和质量保证术语》。

4. 职责

4.1 总则

供需双方应全面贯彻落实国家有关规定、标准和公司的质量方针，加强质量法制建设，开展以经济赔偿为特征的质量保证承诺活动，建立有效的质量保证体系，实行质量负责制。

4.2 供方的职责

4.2.1 供方必须按照合同要求组织生产，为需方提供合格产品。

4.2.2 供方要明确产品质量保证期和服务承诺，承担产品质量保证期内的产品质量责任，赔偿相应损失。供方应做好出厂产品的服务工作。

4.3 需方的责任

4.3.1 需方应建立并运行进货检查验收制度，履行协议中规定的进货检验要求。

4.3.2 需方应及时地记录和反馈供方产品在生产过程中的质量信息。

4.3.3 需方有权就供方不履行质量协议以及由供方的责任所造成的损失提出索赔或申诉。

4.3.4 在出现下列情况之一时，需方有权调整合同中的供货比例，直至取消供方资格，开发新点：

（1）进货检验连续 3 批不合格或年度累计大于 10% 批次不合格。

（2）由于供方的产品质量责任导致发生公司级质量事故。

（3）例行抽检（包括国家、行业及公司抽查）发生的质量问题，未按期采取纠正措施或改进不力而重复发生质量问题。

4.4 有关职能部门的职责

4.4.1 财务部负责质量赔偿费用的结算划拨；负责质量赔偿中有关质量损失的核算。

4.4.2 技术部负责参与不合格品评审；负责产品或过程不合格的原因分析，划分责任。

4.4.3 质量部负责按《进货检验控制程序》对进货物质进行检验，对不合格品及时地开出不合格报告；负责开出质量索赔单；负责质量赔偿的管理以及监督本程序的贯彻执行。

4.4.4 生产供应部负责质量赔偿的实施，组织进行争议的仲裁和供方的协商、沟通交流。

4.4.5 综管办负责对质量赔偿的全过程进行效能检查。

5. 工作流程与控制要点

5.1 签订质量协议

供需双方必须签订质量协议，明确质量标准、检验方法以及其他需要明确的事宜。

5.2 不合格品的处理

负责部门	工作内容
质量部	根据不合格品处理单（返工单、质量问题反馈单、让步接收申请单）开具索赔单
财务部	财务部按索赔单进行金额核算
生产供应部	将索赔单交给供应商进行确认
供应商	确认后将单据反馈给生产供应部，对问题责任判定和处理有异议的可向生产供应部申诉
生产供应部	将供应商已确认索赔单交给质量部
质量部	将供应商已确认索赔单进行登记，然后传递给财务部
财务部	财务部按索赔单进行结算

5.3 质量赔偿

5.3.1 质量赔偿原则。

（1）按照质量负责制原则，赔偿在供需双方之间进行。

（2）需方对于重复发生的质量问题除按质量赔偿向供方索赔外，可减少供货量或取消供货资格。

5.3.2 质量赔偿费用。

（1）直接损失（Z）：

$$直接损失费（Z）= 不合格品数 \times 单件价格 + 相关报废产品价值$$

（2）附加损失（F）：按直接损失总额的20%～50%核算或供需双方在质量协议中加以明确（包括返工费、材料消耗费、加工损失费、停工损失费等）；

（3）验证费（FY）：裁决供需双方产品质量赔偿争议而进行调查、取证、分析等所发生的费用。此费用由申诉方或应诉方法预付，处理终结时由败诉方承担。

5.3.3 质量赔偿项目确定。

（1）进货检验的质量赔偿：进货检验时不合格，退货或现场挑选，全部损失由供方承担。

（2）生产过程中的质量赔偿：

①接收检验时判为合格的产品，在需方生产过程中发现的不合格品，直接损失由供方承担，附加损失由供方承担95%、需方承担5%。

② 在生产过程中发生的批量质量问题，除按条款进行质量赔偿外，还要按公司考核办法进行考核。

（3）监督、抽查（包括国家、行业及公司抽查）赔偿：

① 首次发生质量问题，按 5.3.2 有关条款执行。

② 供方必须采取纠正、预防措施限期改进。

③ 对因未按期采取纠正措施或改进不力的供方，需方有权按 4.3.4 条款处理。

5.3.4 质量赔偿费用管理。

（1）质量赔偿可随时或定期进行。针对质量事故或批量不合格品，供方应在 3 个工作日内或按需方要求的期限内完成会签。

（2）需方向供方索赔时要填写质量赔偿单，并提供相应的证据，经供方会签后由财务部进行结算。

（3）有争议的按 5.4 有关要求执行。经裁决的质量赔偿，由财务部根据质量赔偿裁决通知书执行赔偿。

5.4 产品质量赔偿申诉与裁决

5.4.1 总则。

按照用户至上的宗旨，以事实为依据，以法律、标准为准绳的原则，实施产品质量赔偿申诉或裁决。

5.4.2 申诉。

（1）供方收到索赔单后，如有异议可在 3 个工作日内与需方协商解决。

（2）如供需方协商无果，可向生产供应部提交质量赔偿申诉书，并提供足够的有效证明材料和依据。

5.4.3 裁决。

（1）生产供应部收到质量赔偿申诉书后，应立即组织进行裁决，并书面通知申诉方。

（2）如申诉方收到裁决通知书 3 个工作日内没有在裁决通知书上签字反馈，生产供应部可传此通知书至财务部执行质量赔偿裁决。

（3）质量赔偿裁决的败诉方应承担处理申诉裁决发生的所有费用。

拟定		审核		审批	

第三节　供应商的开发与管理表格

一、供应商基本资料表

供应商基本资料表

厂商编号：　　　　　　　　　　　　　　　　　　　　　　日期：

<table>
<tr><td colspan="2">名称</td><td colspan="4">地址</td><td colspan="3">法人</td></tr>
<tr><td colspan="2"></td><td colspan="4"></td><td colspan="3"></td></tr>
<tr><td colspan="2">联系人</td><td colspan="4">电话</td><td colspan="3"></td></tr>
<tr><td colspan="2">传真</td><td colspan="4">E-mail</td><td colspan="3">网址</td></tr>
<tr><td rowspan="10">公司概况</td><td>资本额</td><td>万元</td><td>名称</td><td>台数</td><td>厂牌规格</td><td>购入时间</td><td>购入成本</td><td>性能</td></tr>
<tr><td>建厂登记日期</td><td></td><td rowspan="9">机器设备</td><td></td><td></td><td></td><td></td><td></td></tr>
<tr><td>营业执照</td><td></td><td></td><td></td><td></td><td></td><td></td></tr>
<tr><td>往来银行</td><td></td><td></td><td></td><td></td><td></td><td></td></tr>
<tr><td>开始往来时间</td><td></td><td></td><td></td><td></td><td></td><td></td></tr>
<tr><td>停止往来时间</td><td></td><td></td><td></td><td></td><td></td><td></td></tr>
<tr><td>所属协会团体</td><td></td><td></td><td></td><td></td><td></td><td></td></tr>
<tr><td>协力工厂数</td><td></td><td></td><td></td><td></td><td></td><td></td></tr>
<tr><td>协力工厂利用率</td><td></td><td></td><td></td><td></td><td></td><td></td></tr>
<tr><td>平均月营业额</td><td></td><td></td><td></td><td></td><td></td><td></td></tr>
<tr><td rowspan="3">材料来源</td><td>材料名称</td><td>供应厂商</td><td>备注</td><td rowspan="3">员工</td><td>职能</td><td>人数</td><td>干部数</td><td>员工数</td><td>大学</td><td>高中以上</td><td>平均月薪</td></tr>
<tr><td></td><td></td><td></td><td></td><td></td><td></td><td></td><td></td><td></td><td></td></tr>
<tr><td></td><td></td><td></td><td></td><td></td><td></td><td></td><td></td><td></td><td></td></tr>
<tr><td rowspan="3">主要产品</td><td>名称</td><td>比例</td><td>名称</td><td>比例</td><td rowspan="3">主要客户</td><td>名称</td><td>比例</td><td>名称</td><td>比例</td></tr>
<tr><td></td><td></td><td></td><td></td><td></td><td></td><td></td><td></td></tr>
<tr><td></td><td></td><td></td><td></td><td></td><td></td><td></td><td></td></tr>
</table>

确认：　　　　　　　　　　审核：　　　　　　　　　　填表：

45

二、供应商问卷调查表

供应商问卷调查表

供应商名称：　　　　　　　　　　　　　　　　　　　　　日期：

项目	调查项目内容	了解程度状况
材料零件确认	1. 您对开发部门样品确认流程是否了解	□了解　□不了解　□请求当面沟通了解
	2. 您对本公司开发部门认定之材料交货依据的规格及样品是否了解	□了解　□不了解　□请求当面沟通了解
	3. 您对开发部门认可之样品是否有保留，以作后续品质管理之用	□有保留　□未保留　□请求当面沟通了解
品质验收管制	1. 您对本公司品管部质检验标准与方法是否了解	□了解　□不了解　□请求当面沟通了解
	2.	
	3.	
采购合同	1. 贵公司目前产量足以应付本公司需求吗	□可以　□不可以　□需设法弥补
	2.	
	3.	
请款流程	1. 您对本公司的付款条件、手续是否了解	□了解　□不了解　□请求当面沟通了解
	2.	
	3.	
售后服务	1. 您对品质有疑问时，会主动找哪一部门或主管	□品管　□开发　□采购　□总经理
	2.	
	3.	
建议事项	您对本公司的建议事项	

【注】本表由供应商填写。

三、供应商自查审核表

供应商自查审核表

分类	序号	主要内容	自查要求	证据、附件	得分	公司最终评分
质量／环境体系	1	是否建立明确的品质方针和目标，且被理解	附本年度质量方针和目标			
	2	确认最近3年内的品质目标达成状况是否稳定提升	附最近3年质量目标达成情况汇总表			
	3	质量目标未达成的差异有否在会上评审？有否提出相应的改善措施并实施	附最近3个月质量目标未达成分析、改善措施落实情况表			
	4	品质会议是否定期召开？品质会议的决策是否有良好的事后管理	附品质会议会议记录			
	5	质量体系是否通过ISO认证	提供ISO体系证书编号			
	6	体系相关流程是否完备？是否作文件化管理	附体系文件清单			
	7	环境体系是否通过ISO认证	提供ISO体系证书编号			
	8	外协厂和代理商是否按ROHS要求被审核	附最近一期审核记录			
过程控制	9	产品生产过程控制是否具备详细的控制计划	提供公司产品控制计划的文件编号			
	10	质量控制计划中是否明确定义各工序的管理项目和质量检测项目	列举主要工序			
	11	是否清楚地定义每种产品的生产流程	简单描述提供本公司产品的生产流程			
	12	每一个作业工位是否都有作业指导书	列举2份作业指导书名称和文件编号			
	13	作业指导书是否都有版本控制且现场均为最新版本	简单描述如何确保现场使用的均为最新版本			
	14	文件上是否有操作重点或注意事项的说明	附现场正在使用的作业指导书			
	15	作业员是否经过适当培训并有培训记录，关键工位作业员是否具有资格认定	附关键岗位上岗证			
	16	对于正在培训中的作业员有没有特殊标识加以识别	附培训中员工标识			

续表

分类	序号	主要内容	供应商自查结果			公司最终评分
			自查要求	证据、附件	得分	
过程控制	17	作业员资格有没有进行定期的考核	附作业员考核计划			
	18	是否有首件确认制度并加以实施	提供相关文件名称、编号			
	19	是否有制程检验规程并加以实施	提供相关文件名称、编号			
	20	过程检验发现不良时,是否立即有停止不良继续产生	简单描述如何停止不良继续产生,提供相关文件名称、编号			
	21	对关键工序和特殊工序是否有特殊控制手段	提供相关文件名称、编号			
	22	过程更改是否对相关的员工进行培训	附变更后员工培训记录			
	23	过程工艺变更是否导入系统	附一份已导入的系统			
	24	系统导入实施后是否进行追踪导入效果	附一份已导入系统的跟踪记录			
	25	是否有测试优良与不良率数据系统,且有测试数据收集整理机制	附数据收集清单			
	26	制程优良率与不良数据是否有反馈机制,可反馈至不良来源以进行改善	提供相关文件名称、编号			
	27	在生产质量控制流程中是否有防漏测机制,可以预防产品漏测	列举已采用的防漏机制			
	28	安全性的线路或功能是否都已经过测试且功能正常	简单描述如何识别已测试与未测试(可附图片说明)			
	29	是否有专职人员负责制程质量监控	列举1—3名专职人员姓名、职位			
	30	制程质量监控是否有明确的文件标准规定?检测的频率/检测的方式/结果的处理方式	提供相关文件名称、编号			
	31	停线标准是否已文件化来防止产生过多的不良品			
物料控制	32	对物料采购是否按照合格供应商AVL控制(Approval Vendor List)	提供相关文件名称、编号			
	33	物料收发是否依照有效的FIFO控制系统(First In First Out)	提供相关文件名称、编号			
	34	是否具有从单批材料追溯到整成品的系统	简单描述追溯方案			

续表

分类	序号	主要内容	供应商自查结果 自查要求	证据、附件	得分	公司最终评分
物料控制	35	生产线及储存的材料是否有清楚标示或鉴别	提供相关图片			
	36	对于新导入的物料是否执行验证？是否有验证流程？是否有验证记录	提供相关文件名称、编号			
	37	是否具有来料检验标准？怎样确定标准被有效执行？是否有相关记录	列举一份来料检验标准名称、编号			
	38	是否有检验设备或仪器能够检验来料的规格标准	列举1—3种来料检验设备名称			
不合格品控制	39	对不合格产品和材料，是否有不合格品控制程序文件	提供相关文件名称、编号			
	40	对不合格产品与材料的控制是否包含识别、评审及隔离				
	41	对不合格产品与材料的控制是否有适合的问题反馈流程	提供相关文件名称、编号			
	42	是否对不合格产品的识别人员进行了授权和确认	提供相关职位名称、授权方式及确认方式			
	43	是否审核不合格的项目（包含客户抱怨）	提供相关表单名称、编号			
	44	是否有判定不合格品的原因				
	45	是否决定采取必要的行动来加以改善				
	46	是否对纠正措施进行评审来确认不合格品不会再发生				
	47	是否记录改善结果	附相关处理记录			
	48	是否有再评审已采用的纠正措施/预防措施				
	49	检查不合格品处理是否和文件规定一致？返工、挑选、判退或特采是否与流程一致				
	50	维修后的产品是否依照程序或质量计划来重新检验或测试	简单描述维修品如何与正常品区别、如何确认已重新检验			
	51	对不合格品是否有执行持续改善流程（如：数据分析、不良分析、不良的矫正和追踪）	举例说明			
	52	是否有对顾客抱怨出具改善报告	附近期所出具的改善报告			
	53	是否有对客户退回产品采取不良原因分析	附相关分析记录			

续表

分类	序号	主要内容	供应商自查结果 自查要求	证据、附件	得分	公司最终评分
不合格品控制	54	对客户退回产品是否采取纠正、预防措施来消除真正或潜在的不良原因	提供相关文件名称、编号			
	55	当有在线不良品时,是否执行不良分析	附相关分析记录			
	56	对在线不良品是否有要求发出改善报告	提供相关文件名称、编号			
	57	是否根据保存期限保存在制品和记录客退维修品相关记录	附相关记录			
	58	是否有客退品处理程序来保证不良材料的处理	提供相关文件名称、编号			
	59	是否有文件化的纠正措施、预防措施程序				
	60	当可靠性实验失败时,是否发出纠正措施	提供相关文件名称、编号			
	61	纠正措施是否包含原因分析、处置、短期对策?假如问题与供应商有关,是否有反馈给IQC系统	附相关处理记录			
	62	纠正措施是否包含长期、预防行动				
	63	纠正措施的报告是否被相关权责部门检阅及认可				
	64	是否进行纠正措施有效性验证				
	65	如纠正措施不满意,是否采取进一步行动				
仪器设备	66	是否针对所有检查、测量及测试设备做管理	提供相关文件名称、编号			
	67	是否有所有设备的计量校正计划	附最新校验计划			
	68	是否所有设备均有计量校正记录/报告	附一份设备的检验基准书、报告			
	69	流程是否明确规定对校正失败设备的处理方法	提供相关文件名称、编号			
	70	无须校正设备是否有清楚标识标明	简单说明如何标识			
	71	内部校正的主要规定是否能够满足要求	提供相关文件名称、编号			
	72	是否有合适的方法及环境来储存测量设备、工具、夹具				

续表

分类	序号	主要内容	供应商自查结果			公司最终评分
			自查要求	证据、附件	得分	
仪器设备	73	当验证不合格时，测试设备是否进行再校验	提供相关文件名称、编号			
	74	是否规定了未经校验的设备所生产、测试的产品的处理流程				
	75	负责对设备进行校正的人员是否受过正式的训练及测验，有没有资格认证	附培训记录和上岗证			
	76	是否按照计划按时对设备进行保养维护	附最新设备保养计划			
	77	设备的使用是否定期点检？点检的判定方式是否明确	提供相关文件名称、编号			
	78	设备的检修人员是否受过正式的训练及测试？是否具备资格认证	附培训记录和上岗证			
	79	不良的设备是否定义处理方式？是否有处理后的记录	附不良设备处理记录			
工程技术	80	是否具有异常维修分析相关程序	提供相关文件名称、编号			
	81	是否有专业从事技术研究开发的人员	提供研发人员数量			
	82	维修品是否具有一定的识别特性	简单描述如何标识			
	83	是否有验证结果分析及纠正措施有效性的过程	提供相关文件名称、编号			
	84	是否有合适的仪器、设备来进行分析	附用于分析的仪器、设备清单			
	85	是否有标识返修的零件	简单描述返修零件的标识方法			
	86	所有返修品是否有返修的历史数据	附最近一个月返修品历史数据			
	87	返修品是否经过合适的测试或检验	简单描述如何管控返修品经过100%测试和检验			
反应能力	88	是否有专门的部门处理客户异常事件	客诉处理负责人的姓名、职务、联系方式			
	89	是否有专职人员进行客户投诉处理效果的验证				
	90	是否有处理客户反馈的异常的程序，以及定义客退品的处理流程	相关文件名称、编号			

四、供应商现场审核评分表(商务部分)

供应商现场审核评分表(商务部分)

供应商名称:				所供物料:	
序号	项目名称	评审得分	权重	加权得分	备注
1	报价		25%		
2	计划和在制品跟踪		25%		
3	产能计划		20%		
4	财务稳定性		10%		
5	物流与售后服务		10%		
6	配合度		10%		
		加权总分			

1. 报价

序号	审核内容(TV)	差 0	一般 1	合格 2	优 3
1	是否有及时的报价流程?报价是否经过采购部、销售部、财务部等关键部门会签后,由相关主管领导审批后再发给客户				
2	是否有反馈市场趋势和市场状况的系统				
3	是价格领先者还是市场跟随者				
4	报价是基于成本模型还是基于市场条件?可否提供BOM分解报价以满足公司的要求				
5	是否有达到细化到元器件级价格的成本结构(对PCBA组合件等)				
评价		总分	15	得分	
			得分比例		

2. 计划和在制品跟踪

序号	审核内容(TV)	差 0	一般 1	合格 2	优 3
1	如何将客户订单转化为内部工作指令?批号如何控制以保证追溯性?有否制程跟踪卡				
2	是否使用ERP或MRPII来做生产计划				
3	供应商是否愿意和有能力做客户库存管理?有否采用VMI管理模式				

续表

序号	审核内容（TV）	差 0	一般 1	合格 2	优 3
4	是否保证提供一个固定的货期而非根据市场条件变化？LEAD TIME 是否优于行内交期？生产计划和库存周转如何				
5	是否有可以提供给客户的实时的在制品跟踪系统？可追溯性是否强？是否采用条码系统				
6	如果产品在一个班次中没有进展，是否输出报告知会计划和客户服务部				
7	是否有不影响计划和弹性的工程更改实施系统				
8	准时交货率如何？是怎样跟踪的				
评价		总分	24	得分	
				得分比例	

3. 产能计划

序号	审核内容（TV）	差 0	一般 1	合格 2	优 3
1	是否愿意预留产能以满足 ×× 的需求弹性，而又不要求本公司有责任义务？现有产能如何？能否满足 ×× 需求？预留产能有否规划				
2	是否使用客户的预测做产能计划				
3	是否有系统为 VMI 或者安全库存				
4	是否愿意投资以避免产能限制				
5	增长计划（通过扩张，新厂或收购）是否与公司和行业一致				
6	是否有缩短货期的持续改进计划				
评价		总分	18	得分	
				得分比例	

4. 财务稳定性

序号	审核内容（TV）	差 0	一般 1	合格 2	优 3
1	供应商过去、现在和预计的销售是否预示正的增长（提供前后 3 年的销售报表和销售计划）				
2	供应商声称的利润水平是否显示良好的管理和良好的财务				

续表

序号	审核内容（TV）	差 0	一般 1	合格 2	优 3
3	供应商的财务报表是否显示良好的财务状况并将保持？现金流如何（提供财务报表、资产负债表等）				
4	是否有足够的资金支持（资源）来支撑其运作和增长（评估其资金来源：银行、风险资金、大的母公司、多元化经营的上市公司的一部分等）				
5	供应商的财务状况是否允许投资适当的资金以跟上行业的技术发展				
评价		总分	15	得分	
		得分比例			

5. 物流与售后服务

序号	审核内容（TV）	差 0	一般 1	合格 2	优 3
1	供应商是否有能力进行JIT配送与快速反应以达到××的紧急订单要求				
2	供应商的物流体系如何布局？能否满足××主要的销售网点的配送要求				
3	供应商的售后服务体系如何布局？能否满足××主要的销售网点的维修要求				
评价		总分	9	得分	
		得分比例			

6. 配合度

序号	审核内容（TV）	差 0	一般 1	合格 2	优 3
1	××供应商的客户群中所占的地位如何				
2	与××的发展意向如何？是否具备与××共同发展的可能				
3	××所用的产品是否是供应商的主导产品				
4	现有的客户群中是否有业内知名企业？是否有资料证明（如查看订单等）				
5	是否有明确的未来3年的技术发展规划，包括人员、资金的投入规划				
评价		总分	15	得分	
		得分比例			

续表

审核评注：

五、供应商现场审核评分表（技术与产能）

供应商现场审核评分表（技术与产能）

供应商名称：			所供物料：		
序号	项目名称	评审得分	权重	加权得分	备注
1	设计研发能力		20%		
2	技术支持和客户服务（后端）		20%		
3	检验检测能力		20%		
4	失效分析/RAM处理		15%		
5	工程文件控制		15%		
6	项目管理能力		10%		
	加权总分				

1. 设计研发能力

序号	审核内容（TV）	评分标准	评分结果
1	是否有预算和投入足够的资金用于新产品的研发？比例多少	每年研发资金投入占公司总收入5%及以上的得3分；低于5%大于3%的得2分；小于3%的得1分；没有研发资金投入的0分	
2	是否有充足的人力资源确保新产品的开发能力？开发人员比例分配及学历是否合理	有足够的资金、配套的技术人员做技术储备，学历的比例分配合理的得3分；有技术储备及人力资源储备规划，但投入力度不大的得2分；无资金和开发人员投入做技术储备的得1分	
3	公司是否为行业内技术开发的领先者？产品的技术水平处于国内何等水平	公司产品技术先进，属于行业领先者的得3分；产品技术水平一般，属于行业跟随者的得2分，没有自己的技术，只是复制别人技术的得1分；技术落后的得0分	
4	是否有专人研究和跟踪与公司产品有关的上游新技术	对产品的上游新技术有专门的渠道和专人跟踪，且能够及时获得最新技术的得3分；对上游新技术进行及时的收集，但无专人跟踪的得2分；对新技术只是进行了解的得1分；不进行新技术收集的得0分	

续表

序号	审核内容（TV）	评分标准	评分结果
5	产品研发机构所具备的开发手段是否先进（包括硬件和软件）	有精良的开发软件、开发设备，开发能力处于行业领先水平且能促进公司产品发展的得3分；开发能力处于行业中等水平的得2分；开发能力没达到行业中等水平的得1分，开发能力差，技术较落后的得0分	
6	是否有程序规范新产品开发、设计、评审及试产的总结	有完善的设计开发程序，能够按照程序的要求进行评审及总结，流程清晰，各阶段记录齐全完整的得3分；有设计开发程序，能够按照程序的要求进行评审及总结，但记录不完善的得2分；有设计开发程序，但没有按照程序的要求进行各阶段的评审和总结的得1分；没有程序、没有评审、没有总结的得0分	
7	产品开发过程中是否进行了首样检查并保留记录	有首样保留和完善的记录的得3分；记录不完善或样品保留不全的得2分；无记录或没有保留样品的得1分；不进行首样检查的0分	
8	新产品试制过程中，是否在技术上有可追溯性？ECN/PCR、ECR体系是否完善	产品文件相应的更改记录等保存完善，产品到市场上后有可追溯性或者能够应用条码系统进行追溯的得3分；ECN/PCR、ECR体系完善，但产品到市场上后的可追溯性不强的得2分；ECN/PCR、ECR体系不完善，产品的可追溯性差的得1分；产品没有可追溯性的0分	
9	是否采用有效的方法进行设计验证，如DFMEA或QFD	产品设计中能够采用DFMEA或QFD方法进行设计验证，且有相应的工作指引和流程，步骤详细，记录齐全的得3分；产品设计中能够采用DFMEA或QFD方法进行设计验证，个别验证步骤短缺，但记录较齐全的得2分；产品设计未有采用DFMEA或QFD方法进行设计验证，但有可接受的验证过程的得1分；不进行设计验证的0分	
10	产品的通用性、兼容性、标准化程度如何？可否与大厂产品相替代	产品的通用性、兼容性强，标准化程度高，有相应规范化制度，可与大厂的产品相互替代的得3分；通用性兼容性一般，但有相应规范化制度的得2分；通用性、兼容性差，标准化程度不高的得1分；与大厂产品没有兼容性的0分	
11	样品是否做过全面的可靠性实验（包括外观机械实验、振动跌落实验、环境实验等）并有实验记录和不合格纠正的闭环过程	样品有做全面的可靠性实验并有实验记录和不合格纠正的闭环过程的得3分；有实验记录但无闭环过程的得2分；实验不全面的得1分；没有进行可靠性试验的0分	
12	产品技术发展方向与公司产品开发方向是否一致（参考项）	产品技术发展方向与公司战略方向完全一致的得3分；产品技术发展方向与公司战略方向有相关一致性的得2分；产品技术发展方向与公司战略方向不一致的得1分；产品技术发展方向不明确的0分	
评价		总分	36	得分	
		得分比例		

2. 技术支持和客户服务（后端）

序号	审核内容（TV）	评分标准	评分结果
1	是否有技术人员对客户进行指导，生产现场是否监督及解决技术问题	能够委派技术人员指导客户，现场解决问题的得3分，否则不超过2分	
2	是否有程序、机构和人员对客户进行售后方面的服务	有专门的客户服务部门，对产品的使用能够定期地进行满意度调查和拜访的得3分；没有专门的售后服务部门，客户服务是由业务部负责的得2分；没有客户服务部门的得1分	
3	是否有专职工程师进行产品的各种安检及认证工作	有专职人员负责产品的安检、认证和跟进工作的得3分，否则不超过2分	
4	是否有针对公司的项目工程师或经理负责专项的工作？FAE团队数量是否足够	有足够数量的FAE团队，有专职技术人员支持的得3分；有足够数量的FAE团队，但没有专职技术人员支持的得2分；无FAE团队的0分	
5	是否有PCN工序更改通知制度来确保产品的质量稳定性	工序更改有PCN更改通知，能够及时地通知客户，有相应的制度进行保证的得3分；工序更改有PCN更改通知，未及时通知客户，但有相关的更改制度的得2分；工序更改未有PCN更改通知的得1分	
6	对客户的反馈的响应速度如何，能否在24小时内给予回复	对客户要求能在2天内回复并能满足客户要求的得3分；对客户要求能在6天内回复并能满足客户要求的得2分；对客户要求能在10天内回复并能满足客户要求的得1分；对客户要求无答复的0分	
7	技术文档能否对公司公开？能否满足公司的技术培训要求	技术文档能对公司公开，能满足公司的技术培训要求的得3分；技术文档只是部分对公司公开，但可以对公司进行技术支持的得2分；技术文档只是部分对公司公开，不能提供对公司的技术支持的得1分；技术文档对公司不公开，不提供技术支持的0分	
评价		总分　　　21　　　得分	
		得分比例	

3. 检验检测能力

序号	审核内容（TV）	评分标准	评分结果
1	所用的检验及测试设备能否满足企业标准和客户的条件和要求	所有检测或测试设备均符合企业标准的测试要求，并能够满足客户要求的得3分；个别设备达不到客户要求的得2分；测试设备不标准，测试结果精度较差，不能满足企业标准要求的得1分；无检测或测试设备，或测试设备简陋、精度差的0分	
2	电检的区域划分和安排是否合理？电检的精度是否得到有效的控制？是否对电检人员进行了有效的培训并获得上岗证	电检安排合理，对精度有进行有效的控制，且电检人员都经过培训并取得上岗证的得3分；电检安排合理，对精度有进行有效的控制，但对电检人员未进行培训的得2分；有进行电检，但没有对精度进行控制的得1分；无电检区域的0分	

57

续表

序号	审核内容（TV）	评分标准	评分结果
3	检验及测试工序是否有质量记录	检验和测试工序有记录，且齐全准确、没有涂改计的得3分；检测和测试工序有记录，记录有涂改的得2分；检验或测试记录不齐全，结果误差大的得1分，没有记录的0分	
4	是否对产品进行可靠性及环境试验？对生产线是否进行过老化试验？能力是否满足量产的要求	对产品有进行可靠性试验及环境试验，检验项目齐全，符合国标或企标要求，检验能力能够满足量产需求的得3分；对产品有进行可靠性及环境试验，检验项目不齐全但符合国标或企标要求的得2分；试验项目较少，不能满足量产的要求的得1分；无试验的0分	
5	检验条件有无达到公司的要求或行业要求（国标或其他地区标准）	检验或试验的条件有按国标执行的得3分；检验或试验的条件低于国家标准，但试验条件可以接受的得2分，试验条件与国标不符但试验条件公司可以接受的得1分；试验条件与国标或与公司要求差距较大的0分	
6	是否有其他的专业性的测试能力	除进行标准要求的测试项目外，还有能力进行其他专业性测试的得3分；只能够进行标准的测试项目，没有其他专业测试能力的得2分；只能够进行简单测试的得1分；所有的测试项目都测试不了的0分	
评价		总分	18	得分	
		得分比例			

4. 失效分析/RMA处理

序号	审核内容（TV）	评分标准	评分结果
1	是否有专职工程师进行失效性分析和试验	对产品的失效性有专门人员进行分析和验证，对失效的原因能够采取相应的纠正措施并能够进行有效验证，并且记录有完整闭环过程的得3分；对产品的失效有专门人员进行分析和验证，并有相应的纠正和预防措施的得2分；对产品的失效性有进行分析，但未有相应的纠正措施的得1分；对产品失效性不进行分析的0分	
2	是否针对失效性问题成立改进小组并有效地开展工作	针对失效元器件的分析能够成立专门的改进小组，并对失效元器件的分析有完整过程的得3分；对失效元器件的分析没有专门小组，只是有相关人员进行分析，并且有记录的得2分；对失效元器件的分析没有记录的得1分；对失效元器件不进行分析的0分	
3	是否对失效性的分析和改进情况进行记录以供他人借鉴	对失效分析过程和改进情况能够进行记录，且记录齐全的得3分，否则不超过2分	
4	DFMEA是否被很好地归档	产品开发中能够运用DFMEA，且DFMEA被很好归档且执行的得3分；DFMEA有被归档但没有被执行的得2分；DMFA无归档的得1分；无DFMEA的0分	
评价		总分	12	得分	
		得分比例			

5. 工程文件控制

序号	审核内容（TV）	评分标准			评分结果
1	工程文件是否有相应的发放控制流程，比如工程变更ECO通知、会签、发放流程，且所有工程文件版本唯一	工程文件有相应的发放控制流程，如工程变更ECO通知、会签、发放流程，且所有工程文件版本唯一的得3分；工程文件控制有相应的流程，但个别文件版本不唯一，不超过2分；工程文件发放大部分不受控，现行文件有多个版本存在的得1分；工程文件控制无相应的发放控制流程的0分			
2	客户技术资料是否有专门的文控中心和人员管理并有详细的记录	客户技术资料有专门的文控中心或专门人员管理，签收和发放记录详细的得3分；客户技术资料有专门的人员保管，但签收和发放记录不齐全的得2分；客户资料无专人管理的得1分；客户技术资料没有受控的0分			
3	资料更改和物料变更是否及时通知客户并取得客户同意	资料更改和物料变更及时地通知客户并取得客户同意后才更改的得3分；资料更改和物料变更后能够通知客户，但不征求客户的意见的得2分；所有更改都不通知客户的0分			
4	如何确保客户资料之更改能第一时间转换为公司资料并执行	对客户资料的更改能第一时间转换成公司内部资料，有相应的转换流程，并能很好地实施的得3分，否则不超过2分			
评价		总分	12	得分	
		得分比例			

6. 项目管理能力

序号	审核内容（TV）	评分标准			评分结果
1	是否有项目管理规划？是否有公司专案或其他大客户专案	有能力独立进行异步开发项目管理能力的得3分；有项目管理规划但管理不强的得2分；项目管理无规划的得1分；无项目管理能力的0分			
2	项目管理支持如何，如贮备工作、快速反应制度等	准备工作充分，有快速反应机制的得3分；准备工作充分或能够应用项目管理软件推进产品进度的得2分；项目管理较乱的得1分；全无的0分			
3	客户项目管理是否能满足公司要求，并在样品、DVT（Design Verification Test，设计验证测试）、NPI（New Product Introduction，新产品导入）、MPI（Mass Product Introduction，量产导入）等各个开发阶段有足够的工程人员支持	有产品开发设计程序，对产品开发有样品、DVT、NPI、MPI等阶段，每一阶段记录齐全，有足够的工程人员支持的得3分；有产品开发设计程序，对量产前的产品验证过程不全的得2分；只有产品产品开发设计程序，未很好实施的得1分；全无的0分			
评价		总分	9	得分	
		得分比例			

审核评注：

六、供应商现场审核评分表（品质部分）

供应商现场审核评分表（品质部分）

供应商名称：				所供物料：	
序号	项目名称	评审得分	权重	加权得分	备注
1	品质方针及目标陈述		8%		
2	品质计划		8%		
3	先期品质手法		8%		
4	文件控制		5%		
5	培训		5%		
6	采购与供应链管理		8%		
7	原材料控制		10%		
8	制程控制及全程品质管理		12%		
9	不良品物料控制		10%		
10	纠正及预防措施		10%		
11	量测设备／工具控制		10%		
12	环境体系及意识		6%		
	加权总分				

1. 品质方针及目标陈述

序号	审核内容	评分标准	评分结果
1	有否有 ISO、QS 或 TS 质量认证体系认证	有ISO、QS或TS质量认证体系文件,能提供证书的得3分；只有ISO的得2分；目前没有进行质量认证，但有质量体系认证计划的得1分，无质量体系文件，无认证计划的0分	
2	是否制定公司的品质政策、目标、承诺并文件化	有制定公司的品质政策、品质目标且已文件化的得3分，没有的0分	
3	是否有制订公司的程序文件、组织架构及品质手册等文件	有品质手册、程序文件及组织架构图，且文件完全符合体系要求，组织架构清晰，职责明确的得3分；有质量手册、程序文件的得2分；只有质量手册的得1分；全无的0分	
4	品质目标有无细分到具体部门，是否达成	公司的品质目标有细分到具体部门、具体岗位，有明确的考核方法，且每月都已达成的得3分；公司的质量目标只细分到具体部门，且每月都有考核，已达成目标的得2分；公司的质量目标没有进行分解的得1分；没有质量目标的0分	
5	客户满意度如何体现？有无获得客户奖项	对客户满意度的调查有专门的作业指导书并且定期执行，满意度优的得3分；对客户满意度的调查能够定期执行，满意度较好的得2分；客户满意度调查较少，满意度一般的得1分；未进行调查的0分	

续表

序号	审核内容	评分标准	评分结果
6	公司是否有进行产品及制程的检验、测试、监控、查核等作业	产品实现中，有相关的检验、测试、监控、查核等作业，且每一作业都有详细的作业指导书的得3分；在产品实现中，对需要监控的过程缺少相关的检验或查核作业的得2分；在相关的作业中，作业指导书描述不清楚，缺乏指导性的得1分；无检验、测试、监控、查核等作业的0分	
7	有否定期的内审和外审计划？内审频率如何？内外审核报告是否闭环	有年度内审计划，每年内审次数≥2次且有管理评审会议记录和结案落实报告，整个过程闭环的得3分；管理评审无会议记录或无闭环过程不超过2分；无内审计划或内审频率低的得1分；未进行内审的0分	
8	有否建立专门的TS、CS组织来为提升品质服务	有专门的TS和CS组织为提升品质服务，且有具体案例支持的得3分；没有TS、CS组织的得1分	
9	有否PPM统计分析文件系统，且DPPM≤目标值	有PPM统计分析文件系统且DPPM≤目标值的得3分；有PPM统计分析文件系统但DPPM大于1倍目标值、小于2倍目标值的得2分；有PPM统计分析文件系统但DPPM大于2倍目标值、小于3倍目标值的得1分；无PPM统计分析文件系统的0分	
评价		总分	27	得分	
		得分比例		

2. 品质计划

序号	审核内容	评分标准	评分结果
1	是否有专门的小组负责推行品质计划或类似的行为	有成立专门的小组进行品质控制计划的推行，且对品质有一定的提升的得3分；品质提升是由部门其他岗位兼职推行，有取得一定的品质提升的得2分；没有成立专门小组推行品质计划的0分	
2	是否有程序清楚地定义量测对象和度量方法	有测量系统文件和度量对象的测试方法，在实际的作业中能够很好地执行的得3分；对量测对象有测量方法的说明，能够很好的指导，但实际作业与说明个别不符的得2分；对量测对象没有程序定义及度量方法说明的得1分；对应该进行量测的对象不进行量测作业的0分	
3	是否有建立基准性指标（如KPI）和客户满意度来评定产品/服务及部门业绩质量等级	有用到KPI考评体系对部门及个人的业绩进行考评，且能够很好地实施，或用客户的满意度基准指标来评定产品及服务等级的得3分；有用到KPI考评体系对部门及个人的业绩进行考评，但对考评内容没有很好地实施的得2分；没有用到KPI等进行业绩考评，但有其他考评体系的1分；无考评体系的0分	
4	是否定期举行管理评审会议并参考内部/外部资料来制订/修改品质计划	管理评审会议能够定期举行，并根据评审结果及时修订品质计划的得3分，否则不超过2分	
5	是否有采取以预防为主的积极态度来达到改善品质的目的？如何体现	有具体的案例，且记录齐全的得3分；没有具体案例的不超过2分	
评价		总分	15	得分	
		得分比例		

3. 先期品质手法

序号	审核内容	评分标准	评分结果
1	是否有制程控制计划（如 PMP/APQP）	有制程控制计划，对关键过程都有品质监控点，且能够很好地执行，记录齐全的得 3 分；有制程控制计划，但对关键过程监控力度不够，有相关记录的得 2 分；无制程控制计划，但对关键过程能够进行品质监控，记录不齐全的得 1 分；全无的 0 分	
2	是否有制订质量控制计划（如 QC 工程图）	有品质控制计划，能够运用 QC 的相关手法对品质情况进行统计监控的得 3 分，否则不超过 2 分	
3	是否有试产及量产程序	产品有试产及量产程序，对每阶段的评审记录齐全，且能够按照程序的要求执行的得 3 分；产品有试产及量产程序，各阶段有相应的评审记录，但记录不齐全的得 2 分；有试产及量产程序，但实际运作没有按程序的要求执行，且记录不齐全的得 1 分；全无的 0 分	
4	有否用良品/不良品去验证量规、测试仪器及工装的定向性	有对测试仪器及治具等进行定向性验证，验证记录齐全的得 3 分，否则不超过 2 分	
评价		总分	12	得分	
		得分比例		

4. 文件控制

序号	审核内容	评分标准	评分结果
1	是否已制定了文件和资料控制程序？外部/内部文件是否有专人管理？是否有专门的文控中心进行管理？内外部文件是否分开管理	有文件控制程序，内、外部文件管理有专门的文控中心且分开管理，有详细的管理流程并严格执行的得 3 分；有文件控制程序，内部文件、外部文件有专门的文控中心的得 2 分；只有文件控制程序的得 1 分；全无的 0 分	
2	是否有收集相关产品设计、生产检验所需的国家标准或国际先进标准渠道	有齐全的产品标准清单和国家标准清单的得 3 分，否则不超过 2 分	
3	是否有 ECN、ECR 或 PCN	工程更改有相应的 ECN/ECR/PCN，能够及时通知相关部门及客户，有记录且有很好的追溯性的得 3 分；工程更改有相应的 ECN/ECR/PCN，能够及时通知相关部门及客户，追溯性不强的得 2 分；工程更改有下发 ECN/ECR/PCN，但对更改结果没有进行有效验证的得 1 分；全无的 0 分	
4	客户提供的文件（技术/工艺）管理是否符合要求（登记，标识，发放，接收，更改）？生产/检验所用文件是否是有效版本	对客户及内部文件有清晰的接收、发放记录，记录没有涂改现象，生产/检验所用的文件为有效版本的得 3 分；对客户提供的文件及内部发放的文件为有效版本，签收记录清晰，换版能够及时收回的得 2 分；客户及内部文件发放不规范，且现场使用检验文件个别是非有效版本的得 1 分；对文件发放没有进行记录，大部分文件未受控的 0 分	
评价		总分	12	得分	
		得分比例		

5. 培训

序号	审核内容	评分标准	评分结果
1	是否有制订与品质有关的员工所需的培训计划？有无培训记录	公司有员工引进计划和员工培训计划，能提供计划表，且计划表详细的得3分；有员工引进计划和员工培训计划，但不能提供计划表的得2分；只有员工培训计划的得1分；全无的0分	
2	是否向员工提供客户满意度的培训？用什么方式	公司有对员工进行客户满意度培训，能够提供培训计划及采用授课形式进行培训的得3分；有对员工进行客户满意度培训，能够列入年度培训计划的得2分；只是对员工进行口头的客户满意度培训的得1分；无培训的0分	
3	是否对培训效果进行考核并作为再培训计划和奖罚的参考	有对员工进行培训，并进行考核，对考核不合格员工能够进行再培训及考核，且根据结果进行奖罚的得3分；有对员工进行培训，并进行考核，有再培训制度的得2分；对考核不合格的员工不进行再培训的得1分；没有考核的0分	
4	相应的培训有否达到公司期望值	对全体员工有进行相关的培训，能够达到公司期望值的得3分，否则不超过2分	
5	有否年度引进计划？有否制订年度培训计划（包括培训费用/时间安排/培训对象/层次）？有否培训记录和考核记录？相关品质及关键岗位员工有否上岗证	有制订年度引进计划、培训计划，且内容详细，已按计划实施，有考核记录，关键岗位有上岗证的得3分；有年度引进计划、培训计划，内容详细，但没有考核记录的得2分；只有简单的培训计划，大部分没有实施的得1分；全无的0分	
6	有否对员工进行再培训和再考核？频率如何？有否记录且及时更新	对员工能够进行再培训及考核，能够定期举行，相关的培训记录及考核记录齐全，再培训记录能够及时更新的得3分；对员工只是进行入厂培训，后续不进行再培训，对培训不合格的人员有相关制度的得2分；只是对关键岗位员工进行培训的得1分；对员工不进行培训计的0分	
评价		总分	18	得分	
		得分比例		

6. 采购与供应链管理

序号	审核内容	评分标准	评分结果
1	有否建立正式的采购管理程序及相应的作业流程？与供应商是否签订《技术质量保证协议》	有采购控制程序，且有采购流程，有与供应商签订《技术质量保证协议书》的得3分；有程序有流程未签订协议的得2分；有程序未有流程的得1分；全无的0分	
2	有否制定了供应商评审控制程序？是否有季度考评制度？是否定期进行	有供应商评审控制程序，有季度考评制度且已实施，对供应商的考评有定期执行的得3分；有供应商评审控制程序，有季度考评制度，未定期执行的得2分；只有供应商评审控制程序的得1分；全无的0分	
3	有无核准的供应商AVL存在	有标准的AVL，且AVL内的信息齐全的得3分；有AVL，供应商信息不全的得2分；AVL未经公司领导批准的得1分；无AVL的0分	

续表

序号	审核内容	评分标准	评分结果
4	是否根据核准的供应商AVL和BOM进行采购？P/O供应商不能全部对应AVL的是否有相应的审批流程	有标准的AVL，P/O供应商全部在AVL内的得3分；P/O供应商不能全部对应AVL但有相应的审批流程，所占比例不多的得2分；P/O供应商不能全部对应AVL，所占比例较多且没有审批流程的得1分；没有AVL的0分	
5	有无针对供应商的CAR？如有，是否有及时跟进	对客户的反馈能够及时回复CAR，且针对CAR有跟进的得3分；有CAR，但回复供应商不及时的得2分；对CAR报告没有进行跟进的得1分；没有CAR报告的0分	
6	有无制定定期拜访制度，是否有记录	有对上游供应制定期拜访制度并有拜访记录的得3分；有供应商拜访制度但无拜访记录的得2分；没有供应商拜访制度，能够对供应商进行定期拜访的得1分；全无的0分	
7	是否为其供应商制定品质目标	对供应商有制定品质目标和改进目标且已实现，对供应商能够进行定期辅导的得3分；有相关的品质目标及改进目标但没有达到期望值的得2分；全无的0分	
8	是否有专门的SQA队伍对供应商进行管理	有专门的SQA队伍且定期对供应商的检验标准进行考评的得3分；有专门的SQA队伍但对考评制度未定期考评的得2分；没有专门的SQA队伍，由其他岗位兼职的得1分；对供应商的检验标准不进行考评的0分	
9	对关键器件是否要求上游供应商定期做全面的可靠性试验和第三方认证	对关键器件有要求上游供应商提供全面的可靠性实验报告和第三方认证并有报告的得3分；有要求提供全面的可靠性实验报告但没有第三方认证并有报告的得2分；上游供应商提供的可靠性试验报告试验项目不齐全的得1分；无实验报告提供的0分	
10	是否有对上游供应商样品进行认定及试验的考核制度	有对上游供应商样品进行认定及试验的考核制度并加以实施的得3分；有对样品的认定及试验考核制度但没有很好地实施的得2分；对样品认定和试验有相关的制度，但制度不详细、记录不齐全的得1分；无认定及试验制度的0分	
评价		总分	30	得分		
		得分比例		

7. 原材料控制

序号	审核内容	评分标准	评分结果
1	有否核准的采购产品验证控制程序和IQC检验流程	有采购产品验证控制程序和IQC检验流程的得3分；只有采购产品验证程序无IQC检验流程的得2分；采购产品验证程序不标准，没有IQC检验流程的得1分；全无的0分	
2	有否物料检验制度和抽样AQL值？AQL值是否符合目标值？是否推行零缺陷检验标准	有物料检验制度，AQL值符合目标值，有推行零缺陷检验标准的得3分；有物料检验制度，AQL值确定的得2分；无物料检验制度，对物料随意检验的得1分；对物料不检验的0分	
3	有否免检物料清单？如何界定	有免检供应商或免检物料清单，并有明确的免检标准且免检合理的得3分；有免检清单，有免检标准，但个别免检标准不合理的得2分；有免检清单无免检标准的得1分；对大部分物料都不检验的0分	

续表

序号	审核内容	评分标准	评分结果
4	物料发放有否遵循FIFO原则？有否用到色标卡保证FIFO	所有物料发放遵循先进先出原则，且有用到色标卡标识保证先进先出的得3分；物料能够遵循先进先出原则，没有用到色标卡的得2分；能够遵循先进先出原则发放物料，但个别批次没有执行的得1分；物料发放不遵循先进先出原则的0分	
5	有无紧急放行制度来确保未检物料被有效地隔离处置	有MRB制度，未检物料能够有效地隔离，案例有会议记录的得3分；有MRB制度，未检物料有隔离，未有会议记录的得2分；有MRB制度，未执行的得1分；全无的0分	
6	对物料的有效期、储存环境有无相应的程序文件规定？储存环境是否有用温、湿度计进行监控？是否有记录	有仓库管理制度，对物料的储存环境及要求有明确规定，储存环境有用到温、湿度计进行监控且记录齐全连续的得3分；有仓库管理制度，有温、湿度计监控的得2分；有仓库管理制度，未有温、湿度计监控的得1分；无仓库管理制度，无温、湿度计监控的0分	
7	有无核准的PMC作业流程？是否运用ERP系统？都有哪些部门开通此业务？仓库布局、物料分类是否清楚？不合格物料或超期物料有否隔离区域	有PMC作业流程，开通ERP系统，仓库布局合理，不合格物料和超期物料能够隔离放置的得3分；有PMC作业流程，开通ERP系统，仓库布局合理的得2分；有PMC作业流程，仓库布局合理的得1分；无流程，摆放混乱的0分	
8	IQC检验设备是否齐全、数量是否足够、精度是否达到标准精度、有否定期调校	IQC检验设备齐全，数量足够，精度高且有调校记录的得3分；IQC检验设备齐全，达到标准精度要求的得2分；检验设备不全，精度不能达到标准要求的得1分；检验设备不足，设备陈旧的0分	
9	区域标识（待检料、合格品、不合格品）是否清楚？不合格品有否标识	待检区、合格区、不合格区域划分明确，有标识，清楚，SOP位置显著，且为有效版本的得3分；有区域划分，未有标识，SOP为有效版本，但位置不显著的得2分；有区域划分，未有区域标识，区域混乱，实际作业中没有按照区域进行的得1分；无区域划分的0分	
10	是否有不合格物料控制程序？对来料不合格是否有处理记录？上游供应商是否提供分析报告及采取预防纠正措施，及是否有闭环过程	有不合格物料控制程序，对来料不合格有处理记录，有供应商提供的8D报告，形成闭环的得3分；有不合格物料控制程序，对来料不合格有处理记录，但供应商提供的8D报告没有闭环的得2分；有不合格品控制程序，但对不合格来料没有进行处理的得1分；全无的0分	
评价		总分	30	得分	
		得分比例		

8. 制程控制及全程品质管理

序号	审核内容	评分标准	评分结果
1	是否有过程控制计划和工艺流程	有工艺流程图及过程控制计划，工艺流程连续，控制点明确的得3分，否则不超过2分	
2	是否对关键、特殊过程进行明确的标识并连续监控及记录？有否明确其控制内容	对关键制程有明确标识，且进行连续品质监控，并明确其控制内容，记录齐全的得3分；对关键制程有明确标识，且进行连续品质监控，但未明确控制内容，没有记录的得2分；对关键制程没有明确标识，没有做重点监控的得1分；全无的0分	

续表

序号	审核内容	评分标准	评分结果
3	是否对在用设备进行周期检修、保养，并有做连续记录	对在用设备有定期进行维护和保养，有设备点检表，记录连续齐全的得3分；对在用设备有定期进行维护和保养，有设备点检表，但记录不全不连续的得2分；对在用设备未有定期维护和保养，但没有设备点检表的得1分；对在用设备从不维护、陈旧、脏污的0分	
4	作业规范是否有定义物料/治具的使用（如料号/名、组装工具、检验工具）	有标准的SOP，对物料/治具的使用操作及要求明确、清楚，能够很好地指导操作人员的得3分；有标准的SOP，对物料/治具的使用操作及要求不明确、个别设置参数与SOP不符的得2分；无SOP，但对操作人员进行过治具使用培训的得1分；全无的0分	
5	作业规范是否有定义组装规格及机器设定（如锡温、螺丝起扭力设定、调整/测试规格）	有标准的SOP，对锡温、扭力、气压、时间等参数有明确的设定要求，且实际操作与SOP相符的得3分；有标准的SOP，对设定的要求不详细，但实际操作有按要求执行的得2分；有标准的SOP，但实际操作没有按要求执行的得1分；没有SOP的0分	
6	是否有专人对工艺定期进行检查（如PE、QE、IPQC等）？是否有巡检记录？巡检频率如何	对生产工艺PE定期进行检查，对IPQC能够定期进行巡检，有巡检记录，且巡检频率满足品质要求的得3分；对生产工艺PE定期进行检查，对IPQC能够定期进行巡检，有巡检记录，但巡检频率较少的得2分；对生产工艺PE定期进行检查，IPQC能够定期进行巡检，没有巡检记录的得1分；对PE没有检查，没有IPQC巡检的0分	
7	生产环境是否有彻底执行5S并保持？检验设备是否在有效期内	厂房及作业环境清洁明亮，工位及生产用具摆放合理整齐，生产现场井然有序，员工持上岗证并严格按照工作指引操作的得3分；厂房布局合理，工具摆放整齐，但设备较陈旧的得2分；环境较差，工具摆放较乱、区域划分不明确的得1分；厂房环境脏污、操作人员无上岗证、工具摆放乱的0分	
8	品质部门的工作流程/分工/岗位责任是否明确（如：IQC/IPQC/FQA/OQC/OQA/QE）	品质部门的工作流程/分工/岗位责任明确，IQC/IPQC/FQA/OQC/OQA/QE有明确的岗位要求及岗位职责的得3分；品质部门的工作流程明确，岗位设置未有细化的得2分；品质部门的工作流程不明确，岗位设置未有细化的得1分；全无的0分	
9	是否采用一个有效的实时系统去监控、分析并消除造成不良品的潜在因素（如SPC、柏拉图、趋势图）	生产过程有用到SPC及管制图进行统计和有效的实时监控，对超出界限的点有详细的原因分析、纠正措施及预防措施，记录齐全且形成闭环的得3分；生产过程有用到SPC进行统计控制，但使用较少，对管制图中超出上下界限的点能够及时地采取纠正措施，但整改结果未有结论的得2分；未有用到SPC进行统计控制，但有可接受的品质改善计划的得1分；全无的0分	
10	是否有注明关键工序？对关键制程参数均有否统计管制（如管制图、Cp/Cpk分析）？关键工序的CPK值是否在1.33以上	有定义关键工序，且使用SPC确认和监控所有重要参数，$Cpk \geq 1.33$的得3分；一些重要参数$Cpk < 1.33$但有可接受的改善计划的得2分；所有$Cpk < 1.33$，无相应改善计划的得1分；无SPC统计的0分	

序号	审核内容	评分标准	评分结果
11	对SPC管制中出现的不符合目标值项是否有原因分析和纠正措施	有原因分析和纠正措施的得3分；有原因分析，没纠正措施的得1分；无原因分析，无纠正措施的0分	
12	最终OQA检验标准及采用的AQL值是否达到公司期望指标	有OQA检验标准，且AQL值能够达到公司期望指标的得3分；有OQA检验标准，AQL值与公司的期望值有一定差距，但能够与行业内的同类物料相当的得2分；AQL值与公司期望值差距较大的得1分；无OQA检验标准的0分	
13	制程不良品超出管制界限时有否紧急停线定义程序并是否有切实落实	有紧急停线程序，并能很好地实施，且案例记录清楚的得3分；有紧急停线程序，没有实施的得2分；无紧急停线程序的0分	
14	有否对半成品和成品进行可靠性实验及相关的试验（如高低温冲击、振动实验、寿命实验、跌落实验及兼容性实验）	可靠性实验设备齐全且良好，设备新，对所有规定做的可靠性试验都有做，能够提供报告的得3分；可靠性实验设备齐全，但设备陈旧，对规定做的可靠性试验只做关键性部分的得2分；可靠性实验设备不齐全，但设备较新，对规定做的可靠性试验只做关键性部分的得1分；全无的0分	
15	产品是否定期抽检做例行性实验并有记录？抽检频率是否达到行内标准	产品能够定期抽检做例行试验，有试验记录及报告，针对试验不合格项能够闭环，且抽检频率能够达到行业标准的得3分；产品有进行例行试验，有试验记录及报告，针对试验不合格项能够闭环，但频率低于行业抽检频率水平的得2分；产品有进行例行试验，频率低于行业抽检频率水平，针对试验不合格项未能够闭环的得1分，产品没有进行例行试验的0分	
16	针对一些客户对产品的特殊要求，有否针对性地做相应实验并记录或使用相应的原材料或有否针对性地处理	对客户的特殊试验要求能够积极地配合处理，能够进行相关的试验，有试验报告或提供第三方试验报告的得3分；对客户的特殊试验要求能够有针对性地处理，且能够让客户接受的得2分；对客户的特殊试验要求有回复不积极，采取应付态度的得1分；对客户的特殊试验要求不采取任何回复的0分	
17	制程良率如何？有否达到或超过行业水平	制程良率超过行业水平的得3分；制程良率达到行业水平的得2分；制程良率低于行业水平的得1分；制程良率很差，与行业水平差距较大的0分	
18	产能是否均衡？生产工艺布置是否合理	产能均衡，生产工艺布置合理，设备配备合理，没有瓶颈工序的得3分；产能均衡，工艺布置合理，工序产能有一定差距的得2分；产能配备不合理，有瓶颈工序，但能够采取一些措施进行协调配合的得1分；各工艺配置不均衡，工序产能差距较大，没有采取任何措施协调配合的0分	
19	每个工位区域划分是否有标识	合格区、不合格区、上料区等标识明确、清楚，没有混料现象的得3分；没有区域标识，对良品和不良品能够在不同的区域分开，不容易出现混料的得2分；没有区域划分，合格品及不良品容易混淆的得1分；物料摆放混乱，合格品、不良品经常出现混淆的0分	
评价		总分	57	得分	
		得分比例		

9. 不良品物料控制

序号	审核内容	评分标准	评分结果
1	是否有不合格品控制程序,并对不合格品的标识、隔离处置进行控制?有否对不合格物料及超期物料清退或报废处理流程	有不合格品控制程序,有不合格物料或超期物料的清退或处理流程,对不合格品能够进行标识、隔离处置的得3分;有不合格品控制程序,有不合格物料或超期物料的清退或处理流程,但对不合格品未及时处理、标识的得2分;只有不合格品处理程序,未有不合格物料或超期物料清退或处理流程的得1分;全无的0分	
2	返修/返工的产品是否有进行复检,并有记录报告	对返修/返工的产品有进行复检、记录齐全,有审批流程的得3分;对返修/返工的产品有进行复检,但未有报告的得2分;对返修/返工的产品不进行复检的0分	
3	有否程序界定不合格品的处置	对不合格品有程序界定进行处置的得3分;没有程序界定的0分	
4	对紧急放行的物料有无按程序召开MRB会议及会签记录	对紧急放行物料的处置由物料审查委员会界定,有相应的流程,且能提供记录的得3分;对紧急放行物料的处置由物料审查委员会界定,没有流程、没有记录的得2分;对不合格品处理有流程,但没有记录的得1分;全无的0分	
5	对客户退货的不合格产品的处置状况有否记录	对客户退回的不良品有进行分析处理,有相应的纠正措施报告,且有记录的得3分;对客户退回的不良品有进行分析处理,但未有记录的得2分;对客户退回的不良品未有进行分析处理的0分	
6	是否有相关的程序和措施预防不合格物料的再次发生	对不合格品有相应的程序进行控制,且有预防措施的得3分,否则不超过2分	
评价		总分	18	得分	
		得分比例		

10. 纠正及预防措施

序号	审核内容	评分标准	评分结果
1	针对客户的质量投诉,有否进行专门的登记,是否有专人进行分析,制订纠正预防措施并及时地回复给客户	针对客户的投诉有专门进行登记、专门负责分析和处理,回复客户及时的得3分;回复客户及时,有进行分析、处理和跟进的得2分;有回复客户的投诉,但没有进行登记,没有及时处理的得1分;对客户的投诉没有处理的0分	
2	是否有证据证明有采取积极的措施预防问题的再次发生(如实例报告、记录)	有提前预防措施,且有很好的实施,记录齐全的得3分;有预防措施,记录不全的得2分;有预防措施,未有实施,未有记录的得1分;全无的0分	
3	有否建立客户CAR系统、内部CAR系统及供应商CAR系统	有内部CAR及供应商CAR系统且已实施的得3分;有CAR系统但执行不到位的得2分;有CAR系统但未执行的得1分;无CAR系统的0分	
4	是否有程序确保在规定时间内回复客户的CAR,并有实例证明	有程序规定回复客户CAR的时间,且针对CAR有跟进的得3分;未有相应的程序,有CAR的得2分;对CAR报告没有进行跟进的得1分;没有CAR报告的0分	

68

续表

序号	审核内容	评分标准	评分结果
5	是否有采用 8D 或其他正式形式对问题进行追踪和效果确认	对客户的投诉有相应的处理流程和对应的 8D 报告，且步骤完整的得 3 分；有相应的处理流程，有 8D 报告，但步骤不全的得 2 分；只有处理流程，无报告的得 1 分；全无的 0 分	
6	是否有建立类似 TQM、QCC 等品质组织来提升品质	有实施全面质量控制，有 QCC 组织提升品质的得 3 分；有实施全面质量控制，没有 QCC 组织提升品质的得 2 分；未实施全面质量控制，但有提升品质计划的得 1 分，全无的 0 分	
评价		总分　　　　　18　　　　　得分	
		得分比例	

11. 量测设备 / 工具控制

序号	审核内容	评分标准	评分结果
1	是否有建立内校 / 外校制度？内校频率有否规定	对量测设备 / 工具有内校或外校制度，有校准频率规定，且已实施的得 3 分；只有制度和校准频率的得 2 分；只有制度的得 1 分；全无的 0 分	
2	实验设备情况是否齐全且良好	所有的实验设备齐全，且设备良好、先进的得 3 分；实验设备不齐全且设备良好的得 2 分；实验设备不全且陈旧的得 1 分；全无的 0 分	
3	检验、量测及测试设备是否有定期校验并有做标识？是否有调校记录	对检验和测试设备 / 工具有定期校验，有调校记录并有做标识，且都在有效期内的得 3 分；有定期校验，有标识，都在有效期内，无记录的得 2 分；有校验，超期、无记录的得 1 分；全无的 0 分	
4	免检装置 / 已检装置是否有明确标识及规定有效期	免检 / 已检装置有状态标识，标明有效期的得 3 分；装置有状态标识，个别有效期超期，未有及时收回的得 2 分；对于新装置未进行检定或校准，直接使用的得 1 分；对在用装置长期不检定，无标识的 0 分	
5	标准件是否有正确的储存及管理方法？是否有文件规定量测仪具的储存方法	标准件及量测仪器有要求储存，且有文件规定储存及使用方法，实际操作有按要求执行的得 3 分；有文件规定标准件及量测仪器的储存及使用方法，但未有按规定执行的得 2 分；未有文件规定标准件和量测仪器储存方法的得 1 分；全无的 0 分	
6	是否有检验、量测设备无法校验而应报废之程序	有检验设备报废程序，且已实施的得 3 分；有设备报废程序，对应该报废的设备没有及时停用、报废的得 2 分；没有报废程序，对无法修复的能够及时停用的得 1 分；无报废程序，对设备不进行报废的 0 分	
7	是否有指定专人负责设备管理并确保未经校准的测量 / 测试仪器不得用于产品检验	设备和仪器管理有专人负责，且定期内校或外校，未校准的仪器能够定期收回的得 3 分；设备和仪器管理有专人负责，未进行定期校准的得 2 分；设备和仪器管理没有专人负责管理的得 1 分；正在使用的仪器或设备未及时校准，大部分都已超过有效期的 0 分	

续表

序号	审核内容	评分标准	评分结果
8	是否有程序去验证测试软件的适用性，以确保软件完好并可以继续使用	测试软件有相应的程序进行验证，能够保证软件的准确性的得3分；无程序验证的0分	
评价		总分　24　得分	
		得分比例	

12. 环境体系及意识

序号	审核内容	评分标准	评分结果
1	是否有通过ISO环境体系认证？有否环境保护发展方针及规划	有ISO资格证明，有环境保护发展方针及规划的得3分；无环保发展规划的得2分；无方针，无规划，但实际作业符合环保要求的得1分；全无的0分	
2	是否有ISO审核计划并提供有第三方审核报告	有审核计划、有第三方审核报告且对不合格项能够闭环的得3分；对内、外审核不合格项个别无闭环的得2分；只有内审，无第三方审核报告的得1分；全无的0分	
3	特殊材料（如含铅、镉、六价铬、汞、多溴联苯及多溴联苯醚等ROHS禁用的）有否管控	有SGS或ITS报告，对原材料要求上游供应商提供SGS/ITS报告，且齐全的得3分；SGS/ITS报告不齐全的得2分；无报告的0分（注：对以上六种物质有进行管控，且得分为3分的，才能有绿色供应商资格，否则不能作为绿色供应商）	
4	应对欧盟的ROHS/WEEE指令是否有相应制度	针对欧盟的ROHS/WEEE规定能够建立绿色环保体系及相关的管理制度，，且已按计划实施的得3分；已建立绿色环保体系，但目前还没有进行实质操作的得2分；对有害物质只做一些简单的要求的得1分；全无的0分	
5	有无专门机构应对绿色环保计划，如进行ITS/SGS等检测机构的检测	有成立专门机构应对绿色环保计划，能够定期进行SGS/ITS检测，有提供报告的得3分；不能提供SGS/ITS报告，但有绿色环保计划且正在实施，对ROHS/WEEE指令中的有害物质能够进行管控的得2分；没有绿色环保计划，对ROHS指令的有害物质有相关限制规定的得1分；全无的0分	
6	有无客户之绿色伙伴表彰	获得过多个客户的绿色表彰，有证明的得3分；没有获得客户绿色表彰的得1分	
7	有无供应商材料之绿色计划及记录建档	对上游供应商材料有绿色计划并建档，有绿色AVL清单及有绿色供应商认定制度的得3分；只有绿色AVL清单的得2分；只有绿色计划未实施的得1分；全无的0分	
评价		总分　21　得分	
		得分比例	

审核评注：

七、供应商比较表

供应商比较表

采购物品：

比较因素＼供应商	供应商 A	供应商 B	供应商 C	供应商 D
价格				
品质				
服务				
位置				
供应商存货政策				
柔性				
……				
综合结果				

八、合格供应商名录

合格供应商名录

序号	厂商编号	名称	联系方式	供应材料	最后复查时间	备注

确认：　　　　　　　　　　审核：　　　　　　　　　　填表：

九、取消合格供应商申请单

取消合格供应商申请单

供应商名称	
提供产品	
取消理由： 　　　　　　　　　　　　　　　申请人：　　　　日期：		
生产车间意见：		

续表

品控部意见：	
采购部意见：	
设备部意见：	
财务部意见：	
成本中心意见：	
生产主管意见：	
总经理审批：	签字：　　　　　　　　日期：

十、合格供应商年度复审表

合格供应商年度复审表

供应概况	企业名称			地址	
	供应产品			邮编	
	经办人			电话	
产品质量	生产车间意见	复审意见： 　　　　　　　　　　签字：　　　　日期：			
	品控部检测意见	上年退货批次		上年让步接收批次	
		复审意见： 　　　　　　　　　签字：　　　　日期：			
	采购部意见	上年总用量		上年退货量	
		售后服务			
		复审意见： 　　　　　　　　负责人签字：　　　　日期：			
	设备部检定情况	设备仪器及工艺水平	考评情况		
			上升		
			下降		
		复审意见： 　　　　　　　　签字：　　　　日期：			
	财务部意见	签字：　　　　日期：			
	成本中心意见	签字：　　　　日期：			

续表

结论	生产部负责人意见	签字： 日期：
	总经理审批	签字： 日期：

十一、合格供应商信息变更表

合格供应商信息变更表

项目 \ 变更前后	信息变更前	信息变更后
供应商名称		
地址		
联系人		
电话		
开户行		
银行账号		
纳税人识别号		
执行日期		
备注		

十二、临时供应商审批表

临时供应商审批表

供方名称		法人代表	
供方地址		邮编	
联系人		联系电话	
提供产品		数量	
申请理由			
部门经理意见			
品控部意见			
财务部意见			
成本中心意见			
生产部意见			
总经理审批意见			审批人：

73

十三、供应商交货状况一览表

供应商交货状况一览表

分析期间：

供应商编号		供应商简称		所属行业	
总交货批次		总交货数量		合格率	
合格批数		特采批数		退货批数	

检验单号	交货日期	料号	名称	规格	交货量	计数分析	计量分析	特检	最后判定

制表：　　　　　　　　　　　　　　　　审核：

十四、检验品质异常报告

检验品质异常报告

供应厂商		料号		品名	
交货日期					
交货数量					
样本数量					

进料异常描述：
□新料　　□新版　　□第＿＿＿次进料
□无规格　□未承认　□无样品
□附样品件
□附检验记录
□同一异常已连续3次（含3次）以上
QC工程师确认：

序号	规格	问题描述	不良数	MA	MI

简图：

十五、供应商异常处理联络单

供应商异常处理联络单

名称：			
电话：	E-mail：		
日期：	编号：		

以下材料，请分析其不良原因，并拟订预防纠正措施及改善计划期限。

料号		品名		验收单号	
交货日期		数量		不良率	
库存不良品		制程在制品		库存良品	

异常现象

IQC 主管： 检验员：

异常原因分析（供应商填写）：

确认： 分析：

预防纠正措施及改善期限（供应商填写）
暂时对策：
永久对策：

审核： 确认：

改善完成确认：

核准： 确认：

说明：1. 该通知就被判定拒收或特别采用的检验批向供应厂商发出。
　　　2. 供应厂商应限期回复。

十六、品质异常单

品质异常单

供应商代码		供应商简称			
联系部门		联系人			
电话		日期			
E—Mail					
异常问题		性质	□普通	□紧急	

续表

反馈内容： 　　贵公司＿＿＿年＿＿月＿＿日送货的（料号）＿＿＿＿＿＿，型号为＿＿＿＿＿＿的产品，有＿＿＿＿＿＿＿＿＿＿＿＿＿＿＿＿的问题，造成我公司的＿＿＿＿＿＿＿＿＿＿＿＿等状况，请于＿＿＿年＿＿月＿＿日前处理好此问题，并以此为戒。 　　另根据我公司与贵公司的协议，采取的处理，如有异议请来电！ 　　另附《××××》《××××》 备注： 　　　　　　　　　　　　　　　　　　　　　　　　　　××公司采购部　×××发日期：

十七、品质异常回复记录表

品质异常回复记录表

供应商代码		供应商简称	
联系部门		联系人	
电话		日期	
E-Mail			
异常问题		性质	□普通　□紧急　□重大
要求回复日期		实际回复日期	
异常内容说明：			
回复内容说明：			
回复判定：			
判定人：			
日期：			

十八、供应商评鉴表

供应商评鉴表

厂商名称		厂商编号	
地址		采购材料	

续表

评鉴项目		品质评鉴	交期评鉴	价格评鉴	服务评鉴	其他	合计得分
时间	月						
	月						
	月						
得分总和			平均得分		评鉴等级		
处理意见：							

主管：　　　　　　　　采购：　　　　　　　　主管：　　　　　　　　品管：

十九、供应商绩效考核分数表

供应商绩效考核分数表

采购材料：

评比项目	满分	评估分			
		供应商 A	供应商 B	供应商 C	供应商 D
价格	15				
品质	60				
交期交量	10				
配合度	10				
其他	5				
总分					

二十、供需双方质量协议书

供需双方质量协议书

需方：　　　　　　　　　　　　　　　　供方：
　　本着团结协作、共同发展、责任明确、互惠互利和确保产品质量的原则，共同遵守××公司产品质量赔偿管理程序》，并经过双方协商达成如下补充协议：
　　一、产品质量
　　1. 产品名称、编号（或型号）。
　　2. 产品图纸和技术要求。
　　3. 包装、储存要求。
　　4. 交付状态要求（如合格证、标识和质量记录等）。
　　5. 需方对供方过程控制的要求。
　　6. 质量保证期。

续表

7. 其他。
二、产品检验
1. 检验项目（包括性能、材质项目的定期复验等）。
2. 统计抽样检验方案。
3. 检验和试验设备。
4. 其他。
三、不合格（批）品的处理
1. 退货（挑选、返工）的规定。
2. 定期和随时服务与会签的规定。
3. 其他。
四、违约责任
1. 违反协议的责任。
2. 让步接收的条件。
3. 其他。
五、附则
1. 本协议经双方代表签字后，从_____年____月____日至_____年____月____日有效。
2. 本协议未尽事宜，双方协商解决。
3. 本协议一式二份，供需双方各持一份。

需方：　　　　　　　　　　　　　供方：
代表（签名）：　　　　　　　　　代表（签名）：
日期：　　　　　　　　　　　　　日期：

二十一、质量赔偿单

质量赔偿单

_____ :
　贵单位生产的产品出现不合格品给我方造成以下损失，特向贵单位申请赔偿。

×× 公司
日期：

赔偿项目类别	金额	发生部门	状况描述		
合计金额					
赔偿项目明细	附件编号	数量	单价	金额	备注
合计金额					

续表

会签部门	质量部	财务部	生产供应部	供方代表
会签（盖章）/日期				

二十二、质量赔偿申诉书

质量赔偿申诉书

编号：
共　　页　　第　　页

申诉方：　　　被申诉方：　　　受理方：

申诉（陈述）：

附件（证明材料）：
1.
2.　　　　　　　　　　　　盖章：
　　　　　　　　　　　　　签名：
3.　　　　　　　　　　　　日期：

受理方意见：

　　　　　　　　　　签名：　　　＿＿＿＿年＿＿月＿＿日

二十三、质量赔偿裁决通知书

编号：

质量赔偿裁决通知书

＿＿＿＿＿＿：
　　受理申诉后，通过调查取证，并依据《××公司产品质量赔偿管理程序》，现裁决如下：

续表

| 验证费共计_____元，由____方承担。 ||
| 申诉方：

签名（盖章）： | 应诉方：

签名（盖章）： |

| 裁决 | _____年___月___日 |

第三章

采购管理

第一节　采购管理要点

一、采购的职能

1. 保障供应

采购管理最首要的职能就是要实现对整个企业的物资供应，保障企业生产和生活的正常进行。企业生产需要原材料、零配件、机器设备和工具，生产线一开动，这些东西必须样样到位，缺少任何一样，生产线就无法正常运转。

2. 供应链管理

在市场竞争越来越激烈的当今社会，企业之间的竞争实际上就是供应链之间的竞争。企业为了有效地进行生产和销售，需要一大批供应商的鼎力相助和支持，只有把供应商组织起来，建立起一个供应链系统，才能够形成一个和协的采购环境，保证采购供应工作的高效顺利进行；另一方面，在企业中只有采购管理部门具有最多与供应商打交道的机会，通过与供应商的沟通、协调和采购供应操作，才能建立起友好协调的供应商关系，从而建立起供应链，并进行供应链运作和管理。

3. 信息管理

在企业中只有采购管理部门天天和资源市场打交道，它除了是企业和资源市场的物资输入窗口之外，同时也是企业和资源市场的信息接口。所以采购管理除了保障物资供应、建立起友好的供应商关系之外，还要随时地掌握资源市场信息，并反馈到企业管理层，为企业的经营决策提供及时有力的支持。

二、采购管理内容

1. 采购计划

采购计划管理对企业的采购计划进行制订和管理，为企业提供及时准确的采购计划和执行路线。采购计划包括定期采购计划（如周、月度、季度、年度）、非定期采购任务计划（如系统根据销售和生产需求产生的）。通过对多对象、多元素的采购计划的编制、分解，将企业的采购需求变为直接的采购任务，系统支持企业以销定购、以销定产、以产定购的多种采购应用模式，支持多种设置灵活的采购单生成流程。

2. 采购订单

采购订单管理以采购单为源头，从供应商确认订单、发货、到货、检验到入库等采购订单流转的各个环节进行准确的跟踪，实现全过程管理。通过流程配置，可进行多种采购流程选择，如订单直接入库，或经过到货质检环节后检验入库等，在整个过程中，可以实现对采购存货的计划状态、订单在途状态、到货待检状态等的监控和管理。根据采购订单可以直接通过电子商务系统进行在线采购。

3. 发票校验

发票管理是采购结算管理中重要的内容。采购货物是否需要暂估、劳务采购的处理、非库存的消耗性采购处理、直运采购业务、受托代销业务等均是在此进行处理。通过对流程进行配置，允许用户更改各种业务的处理规则，也可定义新的业务处理规则，以适应企业业务不断重组、流程不断优化的需要。

4. 交易管理

较初级的采购管理多为对各个交易行为的实施和监督。其特征为：
（1）围绕着采购订单开展工作。
（2）与供应商较容易讨价还价。
（3）仅重视诸如价格、付款条件、具体交货日期等一般商务条件。
（4）被动地执行配方和技术标准。

5. 采购合同

随着对前期大量订单的经验总结和汇总以及管理技能的提高，管理人员意识到供应商管理的重要性；同时，根据自身的业务量分析（ABC法）和整个物流系统的要求，合理分配自身的资源，开展多个专案管理。这个阶段的特征为：
（1）围绕着一定时间段的采购合同，试图与供应商建立长久的合作关系。
（2）加强对供应商其他条件的重视，如订单采购周期、送货、经济批量、最小订单量和订单完成率。
（3）重视供应商的成本分析。
（4）开始采用投标手段。
（5）加强风险防范意识。

第二节　采购管理制度

一、物资采购计划管理办法

标准文件		物资采购计划管理办法	文件编号	
版次	A/0		页次	

1. 目的

为规范本公司采购计划管理，按照本公司要求及采购工作实际情况，特制定本办法。

2. 适用范围

本办法适用于公司各部门的采购计划管理工作。

3. 职责分工

3.1 财务部

3.1.1 负责年初向各部门下达总经理办公会审核通过的各类资金支出计划及各部门费用计划指标。

3.1.2 控制各部门物资需求的资金使用，并严格按照该管理办法进行考核。

3.1.3 负责计划外项目资金的落实。

3.1.4 负责月度物资材料稽核工作。

3.2 计划经营部

3.2.1 负责公司所有物资需求计划的审核工作并确定费用来源。

3.2.2 根据各部门费用计划及使用情况，监督各项资金的使用，并负责对各项年度费用计划定额提出修正意见，报公司总经理办公会批准。负责考核各部门需求计划的准确率。

3.2.3 负责审核公司废旧物资的处理工作。

3.3 安监部

3.3.1 负责汇总、编报、审核公司各部门提报的安措、防汛等物资需求计划，并推荐符合要求的供货厂家。

3.3.2 负责汇总、编报、审核消防器材物资需求计划，负责按照相关规定配备公司消防器材，并推荐符合要求的供货厂家。

3.3.3 参与安措、消防及消防器材等物资的验收工作。

3.4 人力资源部

负责汇总、编报、审核劳动保护物资需求计划。对公司各岗位人员劳动保护配备标准进行核定。

3.5 办公室

负责汇总、编报、审核各部门提报的办公用品物资需求计划。负责汇总、编报电脑、打印耗材、通信等物资需求计划。对公司各岗位人员办公用品配置标准进行核定。

3.6 生产技术部（工程管理处）

3.6.1 负责基建（含小型基建）、生产维护、反事故措施、各项技术改造等所需的物资计划的汇总和审核工作。

3.6.2 负责基建、生产等设备物资合同、技术协议的签订工作。

3.6.3 负责编写、绘制设备及备品的技术规范书、技术要求或图纸，并同需求计划一并提供给公司相关部门。

3.6.4 负责推荐合格供货商。

3.6.5 负责设备、材料等物资的验收工作。

3.7 各物资需求部门

负责在规定的时间内按要求提报物资需求计划。

3.8 物资供应部

3.8.1 物资供应部是公司物资采购计划的执行部门，负责汇总经生产技术处、人力资源部、安监部及办公室审核后的物资需求计划并报送计划经营部；负责配合物资部做好集中招标采购工作；负责公司采购权限范围内的自行采购工作；负责所有采购工作的催交催运、接卸验收及仓储管理工作。

3.8.2 负责汇总上报公司批次集中采购需求计划。

3.8.3 负责本单位采购完成情况的统计、分析和上报工作。

4. 管理规定

4.1 采购计划内容及要求

4.1.1 采购计划包括年度（预测）采购需求计划、批次集中采购计划、月度采购计划及单项需求计划等内容。计划范围涵盖各部门需求的生产类、基建类、服务类、办公用品类等全部采购项目。废旧物资处置计划列入计划管理内容。

4.1.2 物资需求各部门应根据年度生产计划、基建计划、经营计划等，分析预测全年物资采购需求，编制年度（预测）物资采购需求计划。

4.1.3 批次集中物资采购计划、月度物资采购计划原则上依据年度（预测）物资采购需求计划编制，并按照填报要素、报送时间、报送程序等统一报送，准确反映项目名称、资金来源、概算金额、需求时间等信息。

4.1.4 物资需求部门负责业务范围内采购项目的编制，编制内容主要包括技术文件是否符合项目技术要求，确保项目技术规范书完整。

4.1.5 物资需求部门按设计大纲及市场信息编制预算，预算应有价格分解与说明，报送预算应严肃认真，以提高预算的准确性，避免预算偏离中标金额较大。

4.1.6 物资需求部门的采购项目内容发生变更或撤销时，应及时地提出申请，经公司分管领导审批后由物资供应部报公司物资部申请变更或撤销。

4.2 采购计划流程

4.2.1 物资需求部门编制年度物资需求计划和相应预算，经生产技术处（工程管理处）或相关职能部门审核后，物资供应部汇总报送计划经营部落实费用来源，经公司总经理办公会审批后报送公司物资部。

4.2.2 物资需求部门应根据批准的年度（预测）物资采购需求计划、招标采购范围及规模要求、公司下达的集中批次采购时间安排，向物资供应部报送经生产技术处（工程管理处）审核、计划经营部落实费用来源及公司分管领导签批的批次集中采购需求及自行采购计划，物资供应部汇总编制批次集中采购计划，报送公司物资部；物资供应部汇总、编制由公司自行组织招标的采购计划，经公司领导批准后报公司物资部核备并组织实施。

4.3 报送时间要求

4.3.1 年度（预测）采购需求计划各需求单位应根据公司要求报送的时间提前5个工作日报送物资供应部。

4.3.2 物资需求部门在每月20日前报送下月月度采购需求计划。

4.3.3 各部门根据公司要求提前5个工作日报送本部门年度计划完成情况。年度完成情况统计截止时间为12月20日。

4.3.4 公司集中规模采购计划项目，按公司年度集中规模批次招标计划时间提前5个工作日报送。

4.3.5 凡属公司集中采购范围内的机组检修所需消耗材料采购，需提前3个月报送采购需求计划；对于设备及备品备件采购，需提前6个月报送采购需求计划；对于国内特殊成套设备及重要进口设备，需提前9个月报送采购需求计划。

| 拟定 | | 审核 | | 审批 | |

二、采购订单管理流程规范

标准文件		采购订单管理流程规范	文件编号	
版次	A/0		页次	

1. 目的

为规范采购订单的作业流程，规范采购物料跟催及到料异常处理作业流程，明确采购部、仓储物流部、质量部的职责，确保采购作业正确性、时效性、规范化、流程化，用最快的速度及时处理不符合公司要求的品质物料，严格控制工厂呆料、废料的库存，特制定本规范。

2. 适用范围

适用于公司物资采购、收货、仓储和使用不良反馈作业管理。

3. 职责

3.1 子公司采购部/集团采购部：保证采购订单的正确性及准确性，以及后段物料交期的跟催、到货/使用异常的及时处理。

3.2 集团供应管理部：负责制订供应商配额。

3.3 仓储物流部：负责到货物资的收货和数量、包装验收，在发生收料异常（短装、没有按采购计划送货）时必须及时地通知采购部处理，并通知品管验货。

3.4 质量部：接到仓库验货通知后必须马上安排验货；如有品质异常必须通知采购部并协同采购一起处理。

3.5 采购部经理：对采购订单的正确性、合理性进行审核。

4. 分类和指导原则

4.1 分类

采购订单管理流程，包括采购订单作业、采购订单变更、采购订单取消、采购物料到料跟催、到货/使用异常及品质异常处理。

4.2 指导原则

4.2.1 采购订单作业

（1）基地计划部提供采购计划；集团供应管理部制订供应商配额。

（2）采购严格依据集团计划部提供的采购计划表，并参照集团供应管理部制订的供应商配额及最新有效的价格资料开立采购订单。

（3）订单必须下给集团公司在册的合格供应商。

（4）采购订单要素需填写齐全，基本要素包含抬头（公司全称、地址）、供应商（公司全称、地址）、订单号码、采购日期、品名、规格、数量、币种、单价、总价、交货条件、付款条件、税别、单位、交货地点、交货时间、包装方式、检验、交易模式等内容。

（5）采购订单需经采购部经理签核后，才能传给供应商。

（6）订单变更时需经采购经理重新核准后，以电子版形式通知供应商并得到确认。

（7）订单取消需要取得供应商的电子版确认。

（8）定期与供应商核对剩余采购订单量，发现问题及早处理；如剩余订单量超过设定标准，必要时需取消订单。

4.2.2 采购物料到料跟催及异常处理作业

（1）采购订单开出后采购必须跟催以确保物料满足交期；在必要时可以前往供应商工厂催货。

（2）仓库依据采购计划安排收货，认真核对交期要求、品名、规格、数量等基本要素；如有异常应立即通知采购部；无异常则对供应商提供的送货单签字确认，并通知质量部门检验。

（3）采购接到仓库收货异常通知后必须马上处理，如短装应立即要求供应商补齐。

（4）品管依据品质要求验货，如有异常应立即通知采购部；无异常则在仓库提供的进货验收单（送货单）上签字确认。

（5）采购接到品管验货品质异常时应立即通知供应商处理并提交品质改善措施。

（6）如供应商品质异常连续发生，采购人员在必要时应该邀请品管相关人员一起前往供应商处进行辅导。

（7）采购物料在制造过程中发生的品质问题，在质量部检核判定责任归属以后，必须马上通知采购部协调供应商处理。

5. 工作流程

5.1 采购订单作业细则

5.1.1 采购员依据子公司采购部提供的采购计划表，并参照集团供应管理部制订的供应商配额及最新有效的价格资料开立采购订单，然后提交给采购部经理审核。

5.1.2 审核完毕，采购员将电子版订单发送给供应商。

5.1.3 供应商回复交期给采购员；采购员再将该交期回复给集团采购部。

5.1.4 采购订单确定。

5.2 采购订单变更作业细则

5.2.1 采购员依据集团采购部提供的采购计划变更申请表开立采购订单变更通知单，然后提交给采购部经理审核。

5.2.2 审核完毕，采购员将采购订单变更单发送给供应商。

5.2.3 供应商回复交期给采购员；采购员再将该交期回复给集团采购部。

5.2.4 采购订单变更确定。

5.3 采购订单取消作业细则

5.3.1 采购员依据集团采购部提供的采购计划取消申请表开立采购订单取消通知单，然后提交给采购部经理审核。

5.3.2 审核完毕，采购员将采购订单变更通知发送给供应商，并与供应商沟通协调处理。

5.3.3 供应商回复意见给采购员；如不同意，采购员将该回复转达给集团采购部；如同意，采购订单正式取消。

5.4 采购物料到料跟催、异常处理

5.4.1 采购员跟催采购物料交期，必要时可以前往供应商工厂催货，供应商如因某种原因不能按时交货，采购员必须提前知悉，并在沟通协调未果的情况下及时通知子公司采购部调整生产计划。

5.4.2 采购物料到达公司后，仓库人员应立即安排收货；如有收货异常立即通知采购部，短装即在送货单上注明实收数量；无异常则在送货单上签字确认，并留下一联送货单以作入库依据。

5.4.3 采购部收到仓库收货异常通知应立即与供应商协调处理。

5.4.4 仓库通知品管验货。

5.4.5 品管收到仓库验货通知后，立即验货，并将检验结果在进货验收单（送货单）上注明，如有异常立即通知采购部。

5.4.6 采购部接到品质异常通知后，立即通知供应商来基地处理，并要求供应商提交品质改善措施。

5.4.7 物料验收合格后，仓库管理员应依据进货验收单办理入库，并开立入库单。

5.4.8 采购物料在制造过程中发生的品质问题，在质量部检核判定责任归属以后，必须马上通知采购部协调供应商处理。

6. 记录管理要求

6.1 采购记录跟踪表：采购员应及时地记录采购相关信息，并每周汇总一次反馈给上级领导。

6.2 到货反馈表：仓库及时地记录到货情况，并每周汇总一次反馈给采购部。

6.3 材料质量进货检验汇总表和使用质量周报表：子公司质量部门每周将本周到货的质量检验结果和使用部门反馈的质量异常汇总表反馈至物控部和采购部。

7. 工作流程图

7.1 采购订单管理流程

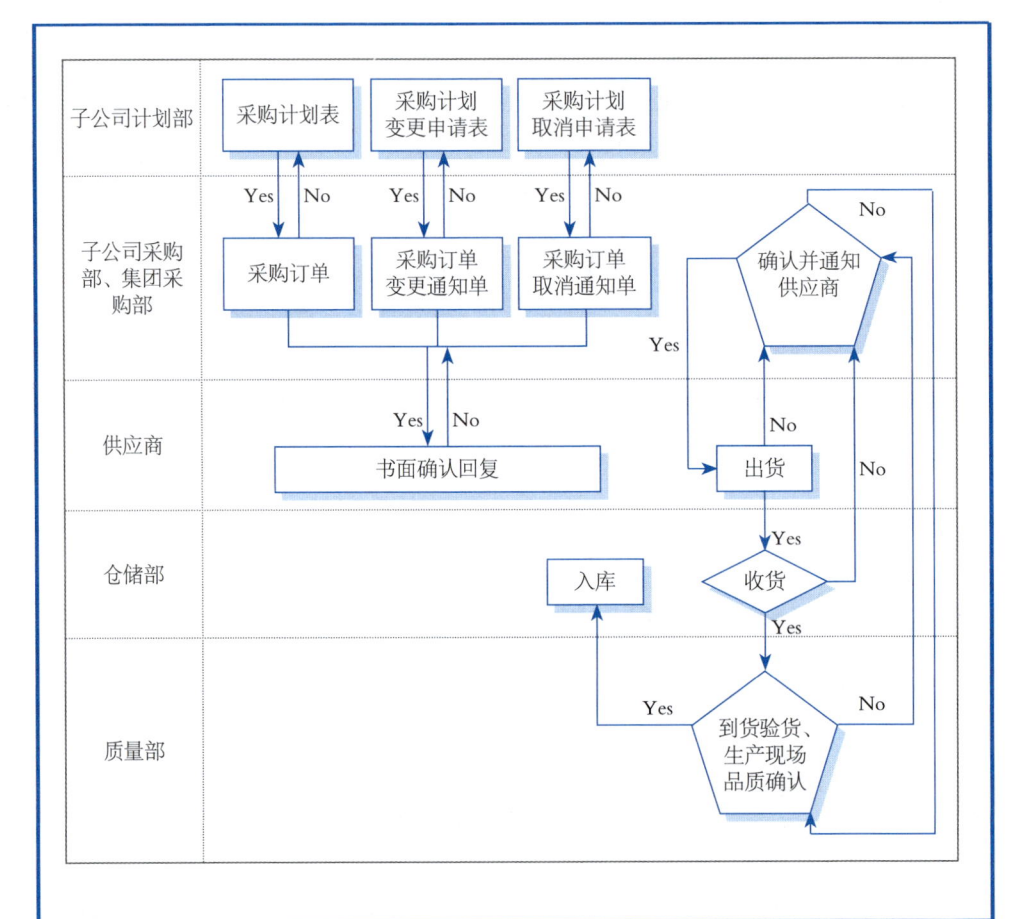

子公司计划部	采购计划表	采购计划变更申请表	采购计划取消申请表	
子公司采购部、集团采购部	采购订单	采购订单变更通知单	采购订单取消通知单	确认并通知供应商
供应商		书面确认回复		出货
仓储部			入库	收货
质量部				到货验货、生产现场品质确认

拟定		审核		审批	

三、采购价格管理办法

标准文件		采购价格管理办法	文件编号	
版次	A/0		页次	

1. 目的

为规范公司采购价格管理，明确采购价格管理流程，有效控制采购成本，实现采购成本降低，特制定本办法。

2. 适用范围

本办法适用于公司各种零部件、试制件、漆辅料、材料运输费、委外加工费、劳务费等报价、核价、定价、监督、控制等采购价格管理。

3. 术语

3.1 采购件：是指为生产产品所使用的配套件、协作件。

3.2 漆辅料：是指生产所耗用的辅助性材料。

3.3 试制件：是指新产品零部件开发过程中，为公司技术中心进行试制试验所提供的采购件。

3.4 采购业务部门：负责采购件、漆辅料、试制件等采购业务的部门或科室。

4. 组织机构

为规范公司采购价格管理工作的开展，确保采购价格的科学性、合理性，特成立公司采购委员会，组成人员包括综合管理部、技术部、质量部、财务部、采购部各部长。

5. 职能职责

5.1 采购委员会

5.1.1 负责公司采购价格管理体系建设。

5.1.2 负责公司采购成本平台的建立与完善。

5.1.3 负责采购目标成本的控制与管理。

5.1.4 负责采购价格的评审与审批。

5.2 财务部

5.2.1 负责《采购价格管理办法》的制定、下发、修订及监督执行。

5.2.2 负责组织采购件的成本分析与采购价格管理平台的建立。

5.2.3 负责采购件价格评审、审核。

5.2.4 负责采购件价格的发布与监督执行。

5.2.5 负责年度采购、设计成本降低目标与专项采购、设计成本控制目标。

5.2.6 负责组织公司投入模具件的成本核算、价格评审（含模具与零部件）与台账管理。

5.2.7 负责执行公司相关的价格管理政策及价格通知。

5.2.8 负责价格管理档案的建立、维护以及对 CMMP 系统内维护的采购价格进行审核。

5.2.9 负责供应商差价多退少补统计的审核。

5.2.10 负责配套件、生协件月度采购/设计成本降低的审核。

5.3 采购部

5.3.1 负责采购价格的成本分析与采购价格管理平台的建立。

5.3.2 负责公司年度与专项采购降成本目标的提出与落实。

5.3.3 负责组织供应商报价，并进行成本分析与价格洽谈，初步制定采购价格。

5.3.4 负责组织各部门共同进行采购件价格评审。

5.3.5 负责对评审有异议的采购价格进行落实及组织再评审。

5.3.6 负责公司投入模具件的成本核算、价格评审（含模具与零部件）与台账管理。

5.3.7 负责就供应商体系、采购价格向公司采购管理本部进行报批。

5.3.8 负责组织业务部门进行市场考察，开展招标工作。

5.3.9 负责批量返利等优惠政策的协商制定和汇总提报。

5.3.10 负责月度采购成本降低统计。

5.3.11 负责 CMMP 系统内的采购价格录入，向供应商发布公司价格通知。

5.3.12 负责执行公司相关的价格管理政策及价格通知。

5.4 技术部

5.4.1 负责设计成本的控制管理与设计降成本工作的开展。

5.4.2 负责采购件设计参数、明细状态、目标设计成本的输出。

5.4.3 负责参与采购件成本分析与采购价格管理平台的建立。

5.4.4 负责参与采购件价格评审，提供新增专用件定价理由，如材料、结构、参数发生变化等技术参数。

5.4.5 负责公司投入模具件的成本核算、价格评审（含模具与零部件）与台账管理。

5.4.6 负责设计更改影响采购成本变化的分析与提报。

5.4.7 负责设计降成本目标的提出与落实。

5.4.8 从工艺角度出发，对工艺、工装、模具等合理性会签成本控制意见。

5.5 质量部

5.5.1 参与采购成本分析与采购价格管理平台的建立。

5.5.2 参与采购件价格评审，从质量保障角度会签成本控制意见。

5.6 综合管理部

5.6.1 对本公司独家供货现象每月统计并进行专项检查，检查通报结果发集团企管办。

5.6.2 负责对未按规定执行的相关部门及个人下发考核通报。

6. 价格管理内容

6.1 管理原则

6.1.1 分类管理原则：分零部件、试制件、漆辅料、材料运输费、委外加工费、劳务费等分类制定、评审、报批的管理原则。

6.1.2 一次性结算与批量结算价格分开管理原则：一次性结算价格通知注明结算数量。

6.1.3 平台化管理原则：根据采购件类别及计价属性（重量、长度、面积、体积、工艺、技术配置参数等）分别建立、完善价格管理平台。

6.1.4 联动管理原则：根据原材料市场波动情况，建立零部件涨／降价联动机制，对采购价格的制定、调整与执行进行动态管理。

6.1.5 时间管理原则：采购价格实行周评审制，时间原则上定为每周五（如遇节假日顺延）。

6.1.6 评审定价原则：由各部门组成的审计委员会，按流程共同评审定价。

6.1.7 同一图号采购件不同供应商均执行相同的采购价格原则：不同供应商供应同一采购件原则执行同一价格，若因公司政策导致同件不同价的，在保证供货质量的前提下，适当加大低价采购件的供货系数。

6.1.8 定期（每月）抽查的原则：对以重量为主要计价参数的采购件，定期（每月）进行抽查与价格调整。

6.1.9 二次布点降成本的原则：新布点价格降幅不得低于同零部件同期价格的 2% 以上。

6.1.10 定价方法。

（1）类比定价法：采购件价格 = 可类比采购件价格 ± 定价采购件价格与类比采购件差额。

（2）测算定价法：根据采购件成本测算参数，按制造成本分析计算定价。

（3）招标定价法：招标比价定价。

6.2 管理流程及相关规定

6.2.1 价格制定。

（1）组织报价。

① 技术中心自设计图纸下发 3 个工作日内，提报专用件目标价格测定单，新产品按开发计划提报至采购部。

② 对于重要性采购件，由技术中心与制造技术部共同输出目标成本。

③ 采购部收到专用件目标价格测定单后，对需供应商报价的采购件，组织供应商报价，并在进行相应成本分析的基础上，经过与采购件价格管理平台的比较，完成价格的协商、谈判工作，初步制定采购价格。

④ 供应商报价应提供详细的报价分析及对比分析，在报价单上必须注明零部件毛重、净重、长度、面积、状态、所用材质及构成比例、制造工艺等数据，并加盖公司公章。

⑤ 供应商报价资料应完整，真实可信，符合价格管理平台需要的各项参数，严禁虚报、错报价格。

（2）评审定价。

① 采购部根据初步制定的采购价格，按模板形成采购价格评审表，于每周五组织各部门价格管理人员进行价格评审。

② 新采购件定价要求进行实物评审，采购部负责准备实物，对大件采购件组织现场评审；属商改采购件的，原商改采购件需一同准备。

③ 对采购价格评审有异议的，采购部负责重新与供应商谈价，按流程重新组织评审。

（3）价格报批。

① 价格评审完成后3个工作日内，采购部落实评审价格差异并汇总评审结果，编制采购价格审批表，由其经理审核、财务部长会签，采购主管厂长、财务总监共同审定，厂长批准。

② 对采购价格审批过程中存在的异议项，采购部负责重新与供应商谈价，按流程（同新定价）组织评审、报批。

③ 公司内部审批完成后1个工作日内，采购部负责向公司采购管理本部报批，并协调公司在15个工作日内予以批准下发。

6.4.2 价格调整。

（1）价格上调。

联动机制下，需进行采购价格上调的，由供应商直接向公司采购管理部出具报告，公司采购部制订应对措施报厂长审批。

（2）价格下调。

① 联动机制下，由采购部编制采购价格调整评审表，组织各部门价格管理专员进行评审，评审流程同新采购件评审流程。

② 年度与日常专项采购降成本项目实施过程中，需进行采购成本下调的，由提出部门编制采购价格调整评审表，报采购部与财务部各一份，并由采购部组织各部门价格管理专员进行评审，评审流程同新采购件评审流程。

③ 通过对采购价格管理平台的梳理与完善，对发现的不同平台采购件需进行采购价格下调的，报采购部与财务部各一份，并由采购部组织各部门价格管理专员进行评审，评审流程同新采购件评审流程。

④ 经评审调整后的采购价格，由采购部与供应商进行沟通、洽谈后，出具采购价格调整审批表，按新采购件定价报批流程报批。

⑤ 价格下调中涉及批量采购的采取返利政策，由采购部负责批量返利等优惠政策的协商制定和汇总提报。

⑥ 各部门提出的采购降成本项目经实施后，纳入部门年度降成本项目统计与激励。

6.2.3 设计变更。

（1）产品设计变更（商改除外）引起材料成本增加的，须经工艺确认，采购部、财务部会签，厂长批准后实施。

（2）由于产品技术、质量改进或设计降成本需要，对产品的技术状态进行调整引起采购件成本变化需下发新图号，由采购部根据技术中心的设计变更明细表，针对成本变化的采购件，收集供应商成本变化分析资料，洽谈后初步编制设计变更产品价格评审表。

（3）采购部组织各部门价格管理专员进行评审，评审报批流程同新采购件评审报批流程。

6.2.4 价格发布与执行。

（1）价格发布。

① 发布形式：由财务部以连续编号的价格文件发送至各相关部门，各部门设专人接收保管价格文件。

② 财务部收到公司下发价格通知后，于 1 个工作日内完成公司内部价格的发布。

③ 采购部在接到价格通知后的 1 个工作日内发布给供应商。

（2）价格执行。

① 采购部在接到价格通知后的 2 个工作日内完成 CMMP 系统维护。

② 财务部于 1 个工作日内完成 CMMP 系统内价格审核工作。

③ 一次性结算价格。

公司采购部采购的累计 20 套以内的小批量试制专用采购件，原则上在采购件批产价格制定后再进行结算；如果试生产采购件在试生产后不再量产或使用，由公司采购或使用部门写明原因、数量、状态后，按新采购件价格评审报批流程，经批准后予以发布一次性结算价格，并仅限结算发布价格日期前的产品。

④ 多退少补、批量返利。

a. 由于价格管理平台的建立、临时结算、价格调整、价格检查等须多退少补、批量返利的，由采购部核算员在每月度 10 日前，对上月度多结算部分进行统计汇总，形成统计报表，主管采购部长审核后报财务部。

b. 财务部对多退少补、批量返利金额进行会签确认，由财务部长审核、财务总监批准后执行。

c. 多退少补、批量返利统计报表批复后，由采购部督促供应商在 10 个工作日内完成调账工作。

6.2.5 价格保密。

相关部门价格管理人员在接收到价格文件后，应单独存放，电子版应设置专用密码，同时禁止备份，财务部将不定期进行检查，严禁对外提供。

7. 考核规定

7.1 对外考核

7.1.1 供应商报价资料不符合公司要求，报价单上没有注明零部件毛重、净重、长度、面积、状态、所用材质及构成比例、制造工艺等数据，没加盖公章的，对供应商给予××元/采购件的处罚，由采购部提报执行。

7.1.2 采购入库单按《采购回票及挂账结算管理办法》规定考核。

7.2 对内考核

7.2.1 不按流程评审定价，私自制定、调整采购价格的，对责任部门或责任人视情况处罚××～××元/次。

7.2.2 对不按时参加价格评审或评审时应付了事的部门，由组织评审部门提报，对责任部门或责任人处罚××元/次。

7.2.3 不执行公司制定及下发的采购价格的，对责任部门或责任人处罚××元/次。

7.2.4 提供虚假的重量、长度、体积、工时定额等定价参数的，对责任部门或责任人视情况处罚××～××元/次。

7.2.5 蓄意提供虚假价格情报，造成公司经济损失的，对责任部门或责任人处罚××～××元/次。

7.3 对内奖励

7.3.1 根据了解到的市场信息向公司提出价格调整建议，使采购成本降低，为公司带来经济效益的，给予提出部门或个人降低成本额1%～5%的奖励。

7.3.2 检举、揭露有关违反公司价格规定行为，经查证属实，避免公司损失的，给予部门或个人奖励××～××元/次。

拟定		审核		审批	

四、采购合同管理制度

标准文件		采购合同管理制度	文件编号	
版次	A/0		页次	

1. 目的

为规范公司对采购合同的管理事宜，做好采购合同的编制、签订、执行、修改等工作，使其符合采购管理的要求及公司的利益，特制定本制度。

2. 适用范围

本制度适用于对采购合同管理的相关事宜。

3. 管理规定

3.1 采购合同的编写

3.1.1 公司采购部是采购合同的管理部门，负责公司采购合同的编制、签订、执行、控制等管理事项。

3.1.2 公司一次性采购物品金额高于××元，必须签订采购合同；外地采购必须签订合同。

3.1.3 采购合同的编写程序。

（1）选择供应商。必须是公司认可的合格供应商。

（2）进行谈判。采购部应与合适的供应商展开谈判，谈判内容包括采购物料的价格、数量、质量、供货方式、货款支付等，并根据谈判所形成的方案选择对公司最有利的供应商。

（3）拟定草案并评审。采购部应根据谈判所形成的方案拟定采购合同草案，报送法律顾问审核及总经理／分管副总审批。

（4）拟写正式的采购合同。采购部应根据各相关部门、法律顾问及总经理／分管副总的意见对采购合同草案进行修订，并据此形成正式的采购合同。

3.1.4 正式的采购合同必须包括以下内容：

（1）合同签订双方的姓名、地址和联系方式。

（2）采购物品的单价、总价。

（3）采购物品的数量与规格型号。

（4）采购物品的品质和技术要求。

（5）采购物品的履约方式、期限、到货地点。

（6）采购物品的验收标准和方式。

（7）付款方式和期限。

（8）售后服务和其他优惠条件。

（9）违约责任和解决争议的方法。

3.1.5 采购合同的条款内容必须齐备、明确、具体，表达必须严谨。

3.2 采购合同的签订

3.2.1 供应商与公司签订采购合同必须具有法人资格，并以其个人名义签订采购合同，如果委托他人代签，采购部应审验其委托证明。

3.2.2 公司与供应商签订的合同必须采用书面形式，其他任何形式的合同均视为无效合同。

3.2.3 对于金额在××万元以下的采购合同，可以采用电子版的方式进行签订，即公司将合同拟定好后发送给供应商，供应商进行盖章签字后以作回复，公司盖章签字后发给供应商回执，视为合同成立。

3.2.4 签订后的合同由财务部保管。

3.3 采购合同的执行与控制

3.3.1 合同签订后即具有了法律约束力，采购部应及时地向供应商发送订货单，使供应商及时准备公司所需的物品。

3.3.2 采购部应配合质量管理部做好采购物料的进厂验收工作，当所采购的物料不符合合同所约定的质量要求时，采购部应立即知会供应商进行处理。

3.3.3 采购部应建立合同履约的管理台账，对双方的履约进程逐次、详细地进行书面登记，并保存好合同的原始凭证。

3.3.4 对于供应商需要按照样品或图纸加工的物料，如果存在加工过程周期长、变数多、监控过程比较复杂的现象，可要求供应商提供进度安排，采购部根据进度安排与供应商进行联络，进行积极的协商，确保物料能够及时地运送到公司。如果供应商提供的物料将延缓公司的生产，采购部应减少该供应商的采购数量并与其他供应商联系，增加采购数量。

3.3.5 在合同的执行过程中采购部应处理好与供应商的关系，将供应商视为公司的战略发展伙伴，以便于在生产旺季加大物料采购时能够及时地供应，在生产淡季时能够缩减物料采购的数量。

3.3.6 采购部应本着经济型的原则做好物料的采购进度控制工作，既保证仓库中的采购物料库存最低，同时还能保证采购物料满足生产的需求。

3.4 采购合同的修改与终止

3.4.1 在合同执行过程中，因供应商的原因造成无法按量供应的采购物料，采购部经调查核实，可与供应商签订新的采购物料数量的协议，作为采购合同的附件执行。

3.4.2 在合同执行过程中，若外部市场环境发生变化（例如原材料价格或工资出现上涨，供应商无法按合同规定的价格交货），采购部可与供应商进行协商，签订新的供货价格的协议，作为采购合同的附件执行。

3.4.3 在合同执行过程中，若因不可抗力导致供应商无法按时交货，采购部经过核实后，可与供应商进行协商签订延期交货协议，作为采购合同的附件执行。

3.4.4 有下列情形之一者，视为合同终止：

（1）因不可抗力导致合同无法继续执行，双方同意取消合同。

（2）因市场环境或需求的变化一方提出取消合同，由双方协商解决赔偿事宜。

（3）出现违背合同条款的状况。

（4）逾期没有履行合同约定的。

（5）发生符合合同条款中合约解除的事项。

3.5 合同纠纷的处理与合同管理

3.5.1 当公司与供应商所签订的合同出现纠纷时，其一般采取如下处理方法：

（1）与供应商协商解决。

（2）请第三方协调解决。

（3）由仲裁机构进行仲裁。

（4）通过法律途径解决。

3.5.2 采购合同的签订人员与资料管理人员要遵守合同的管理规定，有下列情形之一者，公司将根据情节的轻重进行相应的处理：

（1）泄露合同内容。

（2）私自更改合同内容。

（3）丢失合同。

（4）在合同签订和资料保管中损害公司利益。

3.5.3 参与采购合同履行与监督的人员违反公司的相关规定，给公司造成经济损失和其他损失的，公司将根据性质与情节轻重对责任人进行行政和经济处罚，情节严重者将依法追究其法律责任。

拟定		审核		审批	

五、采购付款及发票管理制度

标准文件		采购付款及发票管理制度	文件编号	
版次	A/0		页次	

1. 目的

为规范公司各类采购货物（工程劳务）合同、付款及采购（或劳务）发票的管理，结合公司实际情况，特制定本制度。

2. 适用范围

本制度适用于公司各类采购业务、工程劳务业务，并按实际情况不同分以下几种情况处理：预付款业务；货到付款业务；以货易货业务。

3. 管理规定

3.1 采购合同管理规定

3.1.1 合同的签订及审批。

（1）采购业务合同：公司生产用各类材料物资及固定资产的采购合同的签订

应由供应部采购业务经办人经根据经批准的《采购计划单》及《采购合同价格审批单》进行。《采购计划单》《采购价格审批单》及《采购合同》按采购物资属性及价值不同由相应的领导审批：

①生产用原纸采购由董事长批准；

②技术改造、设备等固定资产、辅料及机物料等低值易耗品采购，采购价值××元以下的由总经理批准，超过××元的由董事长批准。

（2）工程劳务业务合同：公司所有工程建设及设备安装、维修等接受劳务业务，应提前签订工程劳务合同及工程预算表。合同额在××元以下的由总经理批准，超过××元的工作劳务合同由董事长批准。

3.1.2 合同内容填写要求。

合同内容应按规范格式内容完整填写，合同中要特别约定发票事项（采购业务需分增值税专用发票与增值税普通发票，接受劳务需取得本公司主管税务机关许可的劳务发票，并注明出具时限为收货后一个月内送达）、详细品名规格单价、结算方式、结算时限、费用承担及供应商（服务商）账号信息等内容。

3.1.3 合同的报送及执行。

（1）合同报送：各类采购合同由采购部责任人负责签订，工程劳务合同由公司各分管业务责任人负责签订，报总经理或董事长核准后由业务经办人将生效的合同报送一份到财务部存档，同时实施。

（2）合同执行：所有采购合同业务并应由采购部实施采购，劳务合同由项目部执行实施，对于特殊情况下经总经理或董事长特批的采购（工程劳务）业务除外。财务部将按合同约定执行付款事宜，款项支付与否及支付方式原则上按合同规定执行。财务部在付款时，除支付财务账面应付账款外，在提交用款申请的同时还应附有合同，对一次签订合同、同一价格多次进货的，在第一次进货时发票要附合同，在以后价格不变的业务发票后可不附合同，但要在价格发生变化时的第一笔业务发票后附有供货方的调价函（各类包装材料采购业务，供应部采购员应于每月5日前报一份经董事长批准的按不同供应商分材质、规格填列的各类包装材料采购价格表交财务部，以作审核采购价格的参考依据。月中如有变化应及时列表经董事长批准后报至财务部备案）。

（3）财务部不受理涂改及未经公司董事长（总经理）或有权签字副总签批的合同。

3.2 付款管理规定

3.2.1 采购（往来）付款业务：付款流程为，填写请款单（含附件）→申请人分管领导签字→财务部往来会计核实→财务负责人签字→董事长（总经理）签批→财务出纳员付款。

（1）所有因采购货物、接受劳务发生的付款业务均需凭经核准的请款单付款。请款单由业务经办人出具，经财务部往来会计、部门负责人及分管领导审核，报总经理或董事长审批后，按财务管理制度规定手续办理付款事宜。

（2）各采购业务经办人员应对所提交的用款申请中列示的收款人信息及账号的真实性、准确性负责，如因提供收款人信息不真实造成财务误付款，给公司带来经济损失的，由采购人员承担责任；因用款申请中收款人账号信息错误造成退汇、退票的，该笔业务金融机构手续费由业务责任人个人承担，由此造成的误工误产及一切后果由业务责任人承担。

（3）所有付款业务的请款单，除第一次付款的新增供应商外，均需由业务经办人到财务部往来会计处查询并填写收款单位账面往来余额情况后，方可继续下一流程环节。

（4）业务经办人在申请正常业务付款时需持请款单，依上述签批流程依次履行签字手续，如因董事长出差不能及时签批的，经财务负责人签批后请示董事长同意后付款；如属特殊业务付款，则由采购部门负责人、董事长签批，最后交财务负责人审核后付款。

（5）出纳员在交来的经财务负责人或董事长总经理批准付款的请款单时，按实际批复的付款金额及付款方式付款，如果批复付款栏及批复付款方式栏为空的，按申请付款金额及付款方式办理付款手续。

3.2.2 预付款业务：无特殊情况，除采购生产急需材料业务外，其他业务在未结算总货款或工程款前，不得预付全部价款。具体流程为，业务经手人提交用款申请（含合同采购计划单等附件）→分管领导签字→财务部往来会计核对账面往来余额→财务负责人签字→董事长（总经理）签字→财务出纳员付款。

（1）预付款业务付款手续：业务经办人员出具经分管经理、财务经理及总经理、董事长批准的用款申请附合同书、采购计划单，到财务办理支付款项手续。

（2）对于预付货款的经济业务，各物资采购及工程劳务部门必须慎重把关，确保与供应商合作良好，合同正常执行。对于财务账面"应付账款"中连续6个月出现未发生变化负数金额的业务部门，应由其负责将款项追回，以避免公司利益受到损失（预付工程款不在此列）。

3.2.3 货到付款业务：原则上必须先取得发票再付款。具体流程为，业务经手人提交用款申请（含附件）→分管领导签字→财务部往来会计核填应付款余额→财务负责人签字→董事长（总经理）签字→财务出纳员付款。

（1）对于货到入库、发票未到，需按合同付款的，由业务经办人出具用款申请，报部门负责人审核，应付会计在付款申请单上标示验收入库单号或临时收料单号（注：入库单必须在付款之前传达应付会计处）及货款金额。应付会计签名确认后报财务负责人审签、董事长核准后付款。对于待检的，原则上在未办理入库手续前（即入库单未传达财务前），财务部不受理该笔业务付款，特殊情况确需付款的需董事长特批。

（2）货到验收入库，相关单据传递手续已完毕，并收到该笔业务发票的，要求该笔业务经手人对发票的内容（货物数量、价格、金额）进行审核，参照该业务入库单及合同等进行核对，确认无误后在发票右下角签章确认，将发票附入库单等单据交财务部，并按规定填写请款单，交财务部办理付款手续：应付会计核填账面应付该供应商款项金额、申请部门负责人签字、财务负责人审签、董事长核准后付款。

（3）对于支付账面应付款的业务，由业务经办人开具用款申请单，填明申请支付金额，到财务部往来会计处核填账面应付金额，经财务负责人审核，总经理、董事长签字批准后方可交出纳员办理付款手续。

3.3 付款方式及收据的取得要求

付款方式主要有现金、电汇、银行承兑汇票等，为了规范开支的管理，防止产生不必要的损失和纠纷，款项的支付主要以银行付款或银行承兑汇票付款为主。对于付出的款项原则上均应取得收款方的收款收据，具体付款方式及相关要求如下：

3.3.1 现金付款。对于确需以现金支付的业务，在业务经办人员交来的经相关人员审核及总经理批准的用款申请后，视其具体情况分别处理。

（1）收款人派人上门收款的，公司业务经办人员（指采购员）对来人身份进行确认，财务部出纳员验证来人持有的对方业务单位加盖行政公章或财务专用章的委托收款证明（传真件证明中需注明来人姓名、身份证号、委托事项，并注明"本传真件与原件内容一致，具有法律效力"字样），并附上收款人身份证复印件，经确认无误后再办理支付手续，在收款人点验货款无误后，直接开具收款收据后交出纳员。收款人要在收款凭据上注明"收款人：××"字样。

（2）如果是要求公司将款项汇入收款人（指业务单位）指定卡号（或业务经办人提供的收款人卡号）的业务，在汇款前由公司业务经办人负责提供收款人出具的收款账号、户名并加盖盖有财务章（或公章）及收款方经办人签字盖章的"收款信息确认函"传真件，确认函要求注明"本传真件与原件内容一致，具有法律效力"字样。财务部收到符合要求的确认函传真件并经公司业务经办人签字确认后，方可汇款。在办理完汇款手续，收款人确认款项收到后，由公司业务经办人负责在当日内将收款人开具的此笔现金业务的收款收据的传真件交至公司财务部，并在汇款日起7日内（以银行业务单时间为准计算起始时间），将收据原件交至公司财务部。对于没有经过审批或有关人员越权审批的付款业务，出纳员不予受理。为控制公司资金风险,财务部对手续不全或有疑问的现金打卡付款业务有权拒付。现金打卡手续费由收款方承担,特殊情况经董事长批准的除外。

(3)对于正常采购(或劳务)业务付款,因相关申请部门计划不到位、不及时,导致原可以电汇或承兑汇票支付的款项,而需要财务部以现金打卡方式加急支付的,财务部有权拒绝,对于董事长特批的此种情况下的付款,在保证手续完备、所支付款项安全的前提下,付款手续费由业务经办人(即付款申请人)承担,如果造成资金损失的,还要由业务经办人承担相应损失。

3.3.2 银行电汇付款。财务部凭业务经办人出具的经核准无误的请款单中列示的收款人信息办理电汇付款业务。银行电汇付款可暂时不要对方出具收据,但只要对方确认收款后就要出具收据。

银行已办理电汇付款手续,因收款人信息填写有误或其他原因,造成正常电汇付款业务退汇,需要重新办理付款的,按以下几种情况处理:

(1)收款方提供收款信息有误的,由业务经办人负责重新出具用款申请办理付款。

(2)公司采购(或劳务)业务经办人工作失误造成退汇的,由责任人在退汇单上签名确认,并由经办人提供准确信息,重新办理汇款,同时该退汇业务的原付款手续费由责任人承担。

(3)出纳员个人工作失误退汇的,由出纳员根据退汇单重新填制电汇单办理汇款,原汇款手续费由出纳员个人承担。

(4)因银行间业务划转不成功或其他非公司可控原因造成正常电汇付款退汇的,由出纳员在第一时间内报分管领导核销原电汇退汇单据并重新办理付款。

3.3.3 承兑汇票付款。

(1)对于付出的承兑汇票,原则由收款方派人上门收取,经财务部出纳员确认无误的,再办理支付手续,在来人对所收承兑汇票验查无误后,在所收承兑汇票复印件上签名,注明"原件已收"并开具加盖收款单位财务章的收据交出纳员。

(2)如收款单位派人上门收款,且来人未带收款收据的,经财务部出纳员对来人身份确认无误后,再办理付款手续,在来人对所收承兑汇票验查无误后,在所收承兑汇票复印件上签名,并加注"原件已收"字样。

(3)如收款人不能上门收款,需以邮寄方式付款的(此方法存在很大风险,无特殊情况,财务一律不受理该付款方式),由采购业务经办人负责办理邮寄承兑汇票的财务登记手续,即在承兑汇票备查簿上对所支付承兑票号及金额签名确认,出纳员将需邮寄的承兑汇票作背书处理并完整封填收款单位全称,当付款申请人面封好快递袋,并将快递单号填写在请款单领款人下方,再由付款申请人按收款单位加盖公章和财务专用章的详细收件地址证明（证明内容含汇票金额、收件人姓名、收件地址、联系电话，并注明"承兑汇票丢失与贵公司无关""本件与原件内容一致，具有法律效力"字样），填写快递单，交出纳员办理投邮，收款单位收件地址证明交财务作为此笔付款业务的附件。公司业务经办人应及时与收款人沟通，跟踪收款人对该快件的查收情况，并负责在承兑汇票邮寄之日起15日内将收款人开具的收款收据原件邮至财务部出纳员处。

3.3.4 票据的背书。所有需支付的承兑汇票，原则上均应由出纳员根据批准的请款单中列示的收款单位，在汇票"被背书人"栏填写收款单位全称并加盖公司在银行预留印鉴后方可对外支付或特快邮寄。但对于公司自行从银行申请办理的承兑汇票（即应付票据），在支付给汇票列示的收款人之外的第三方单位时，原则上不能再背书（即不能回头背书），但出票银行及该汇票实际接收人许可可以背书的，则需要背书后支付。

3.3.5 对取得的原始收据的要求。

对于现金、银行、承兑汇票支付业务，外来原始凭证原则上一律不得更改、涂抹，错开的原始凭证要重新开具。对于原始凭证内容或金额有误的，如未按规定改错的（即在错误处划线后，填写正确内容，并加盖供应商财务章及改错人私章），或在同一处错误更改两次（含）以上的，出纳员一律不予受理；如出纳员收受不合规定的单据，发现一次处罚出纳员××元。对于确属特殊情况、不合财务规定的业务单据经董事长特批处理的，应有董事长在该单据上的亲笔签批说明。对于一笔业务款项同时以不同方式支付的，应根据实际付款方式及金额由收款方分别开具收款收据，不能合开一张收据。

3.3.6 对单笔业务口径一致性的要求。

每一笔业务，收款人、签订合同人及出票人、实际供货人必须一致，如果有特殊情况，经董事长、总经理特批的业务，签订合同人（即为公司提供劳务及货物人）在结算款项时，出具的发票与合同不符时，在签订合同时应单独有合同补充说明，收款收据必须用发票出具人的收据，以免给财务工作造成混乱。如果是先预付款后来发票的业务，在结算时，发票出具人（以发票专用章确认）与收款人不符的，对前面已支付的数额，收款人应补足与原收款时间、金额一致的收款收据，在补齐手续之前，财务将不受理该发票，并停止付款。如果预付款已全额支付后来发票的，由业务经办人负责催收发票，结算发票报送财务时间定为经济业务结束之日起30天之内。对一些业务频繁、单笔业务金额不大、在一定期间内价格不变的业务，可按月结算开票。

3.3.7 超过规定时限未取得付款业务收据的处理。

按单笔业务计算，每超期1天，给予采购业务经办人××元罚款，从工资中扣除，超过一个月未能取得收据的，停发业务经办人工资，直至财务部收到收据原件为止。如发现业务经办人有弄虚作假的，由业务经办人承担相应的损失，后果严重的追究法律责任。

3.4 财务部集中办理付款业务时间及付款时限规定

3.4.1 对于经核准可支付并已传递到财务部出纳员处的请款单及其他各类付款单据，如无问题的，出纳员应按本制度规定的付款手续按受理用款申请时间的先后办理付款；对于请款单在当日规定时限内提交至财务部的，当日办理付款手续，超时限提交的请款单，次日办理付款手续，无特殊情况，出纳员不得私自压单延迟付款。如果是以银行电汇付款的请款单，遇法定节假日、公休日的，付款时间顺延。对因资金紧张，超过 2 日未付款的请款单金额，出纳员应报分管领导确定付款时间，并及时通知提交用款申请人（此处主要是指电汇及现金转账付款方式支付的款项），如果是收款方提交的相关证明手续不完备的，需待公司业务经办人协调提交完整的手续后方可付款，补齐手续前财务部不受理该用款申请。

3.4.2 如属收款方派员到公司收取款项的，应由分管业务经办人负责协调财务部备款及收款方到公司收款准确时间，确保付款工作有序进行。

3.4.3 对于特殊情况下需加急支付的款项，业务经办人在提交请款单的同时还应附有经核准的书面加急付款申请，否则造成因迟付款而延误生产，财务部不承担责任。

3.4.4 如属出纳员工作不负责任延迟付款、错付款而给公司造成损失或故意刁难收款人的，发现一次处罚责任出纳员 ×× 元，给公司造成损失的还要按规定承担相应经济损失。

3.4.5 如因业务经办人提交用款申请及相关证明材料不及时、不正确而造成财务错误付款、延期付款误工误产的，由业务经办人负责。

3.4.6 正常情况下，如已批准付款的请款单，以实际签字核准日期计算，超过 7 日未交到财务部的，视同无效申请，财务部不再受理该请款申请，再次付款需重新提交请款单，且原已签批的请款单要交至财务部由出纳员加盖作废印章，作为新办用款申请的附件。

3.4.7 对于已核准支付的请款单，相关提交申请业务经办人要负责与收款人及时沟通其收款情况，如出现异常情况要及时与财务部沟通处理，确保公司各项经济业务正常进行。

3.4.8 所有传递到财务部的请款单，均应进行单据传递记录登记。详细记录传递时间及所传单据信息，以明确责任，该传递记录不允许涂改。

3.5 各种情况下采购（或劳务）业务发票的规定

3.5.1 采购（或劳务）发票标准要求及处理。

（1）所有材料物资（含固定资产）采购业务原则上均应由供应商出具增值税专用发票（增值税专用发票进项税有效认证期为自发票开具之日起 180 天内），财务部不接收超过认证期的增值税专用发票，特殊业务不能出具增值税专用发票的经财务认可、董事长（总经理）批准的可开具增值税普通发票；所有劳务业务发票均应由提供劳务人按实际业务内容出具符合本公司主管税务机关要求的发票。

（2）采购（或劳务）发票所开具的内容必须与实际业务内容（合同内容、入库单、数量、金额及合同单价、劳务内容）相符，即货、款、票、合同相一致，否则，财务不接受该业务的结算发票。特殊情况经财务确认董事长（总经理）批准的除外。

（3）对于特殊情况下发票与实际业务内容不符的业务发票经财务确认、董事长特批可以接收的，需对方出具加盖财务公章的情况说明书，说明发票与实际业务内容的业务实质，经公司财务部确认合格后方可接收对方的业务发票。为规避公司财务风险，财务部有权拒收任何情况下不合格的采购（或劳务）业务发票。

（4）发票处理。所有采购及工程业务发票均做转账处理，在付款时，由收款人（收款人必须是出票人）提供收款收据，避免同一业务单位的业务既有现金业务，又有转账业务，不利于财务管理工作，也容易形成工作隐患。特殊情况下经财务确认、董事长批准的业务不受此限。

（5）采购（工程劳务）发票后的附件依次为：采购入库单（或验收单）、质检单、称重单、采购计划单、对方送（发）货单、采购合同及其他必需附件。如发现有不符合规定的发票及附件传递到财务部，对当事保管员及采购经办人各处罚 ×× 元。

① 如原材料采购为多品种集中下达采购计划的，发票后可不附采购计划单，但采购人员应对已执行的采购计划单做核销并妥善保管，以备查用。

② 设备及工程劳务发票后应附有设备及工程劳务验收报告单，并应注明使用部门，以方便财务核算。

③ 如果所采购货物是由物流公司托运的，还要有托运单，但托运单不能代替供货单位的发货单。

3.5.2 发票的取得时限管理规定。

（1）所有采购结算发票（含运费结算发票）应由该笔业务经办人员签字确认后，报送财务部。各类采购业务发票应由相关业务经办人负责向供应商催收，并在所采购物资验收合格入库的当月 30 号前取得，交财务部办理结算手续，且发票信息需与合同及实际相符；工程、劳务发票的取得时限为单项工程、劳务合同约定的劳务内容结束之日起 60 日内，由相关分管责任人负责将与决算合同内容金额相符的发票交至财务部。

（2）如因结算价款发生异议而导致业务不能正常办理结算手续，不能在规定时限取得发票时，采购（或劳务）业务经办人应及时填报"（财务）问题业务报告单"，说明原因及处理方案，报财务部往来会计处经财务负责人核准后备案，并由业务经办人负责在发生异议之日起 30 日内处理完毕。如无正当理由，又无财务书面说明可延期取得结算发票的业务，均以正常业务规定的到票期限为准。特殊情况下，财务部因实际核算的需要，对某一部分业务到票时间要求提前的或延迟的，以财务部书面下达的发票到票时间调整说明书为准。

（3）对于特殊业务发票的取得时限，如经董事长特批处理的，可按特批时限为准，需由财务部处理的由业务经办人将业务移交财务部处理。

（4）对于超过规定时限未将发票交到财务部的，每超期一天给予采购业务经办人 5 元罚款，从工资中扣除，对于无客观原因超过两个月发票未到的，停发采购业务经办人工资，直至取得发票为止。

（5）业务经办人要在收到发票的当日将发票及相应业务附件单据报送至财务部，并在财务部做单据传递记录登记，对不合要求，财务不能接收的发票，由业务经办人与供应商协调及时补票，时限为 30 天。如因业务经办人个人原因造成已收到的供应商发票过认证期或丢失的，每笔业务发票金额在××元以下的，对业务经办人处以××元罚款，金额在××元以上的处以××元罚款，并由业务经办人负责在退票日或发现日起 30 日内补换票及提供财务部所需的其他相关手续。对于发票丢失或过期的情况，同时对财务部往来会计进行考核，如发现属不按规定对账造成的，每笔丢失或过期发票对往来会计处以××元罚款。如业务经办人故意对不规范业务发票隐瞒不报或私自压票、退票等，每发现一笔，处罚其××元。

（6）会计年度终了前（每年 12 月 31 日），各业务经办人应将自己经办、属于当年度已完成的采购（劳务）业务发票全部进行催收，并交至财务部。

3.6 定期对账制度

为确保各类业务单据按时取得及保证与供应商账目相符，财务部将实行定期对账制度。

3.6.1 与公司业务经办人备查账核对周期为每个月一次，时间为次月 5 日至 15 日。

3.6.2 与供应商对账原则上每月核对明细，财务账余金额至少每半年核对一次，核对范围为半年内与公司发生经济业务往来的供应商，由业务经办人负责，与相应的供应商协调取得对方业务往来账单（需经手人签名并加盖财务专用章或供应商公章），并最迟于次月 10 日前交财务部往来会计处，由往来会计负责核对并作核对情况备查记录。

107

3.6.3 凡业务经办人未设立业务备查账或账目不清的，每次处罚××元，并在10日内规范备查账；对未按规定时间取得供应商对账单的，按单个供应商计算，每个次处罚业务经办人××元，并限定在规定时间内完成对账手续，过期仍未完成的，每日处罚××元，直至对账业务手续完成，所处罚款项从当事业务经办人工资中扣除。特殊情况经当事业务经办人提出申请、财务部确认的除外。

3.7 补充规定

3.7.1 每一笔采购业务合同、供货人、开票人、收款人必须是同一业务对象。与新供应商第一次合作时，业务经办人应及时以书面形式向供应商提供公司的开票资料。

3.7.2 对于供应商到公司直接收取往来账款的业务，公司采购业务或接受劳务业务经办人应对供应商来人身份进行确认，经财务部验证来人出具的加盖供应商公章的介绍信，确认无误的，方可受理付款业务，按正常财务手续办理付款事宜，且本公司业务经办人要在相关付款原始凭证上签字确认。

3.7.3 如果外购同一种货物不同供应商有多种名称的，在签订采购合同时，各当事业务责任人应统一以公司已有的标准规范名称、规格等填写，即与财务档案中信息一致，并及时与供应商沟通以免发错货。

3.7.4 凡外地供应商派人到公司收款的业务，应由公司业务经办人员确认来人身份，并由来人出示供应商出具的加盖财务公章的证明信，财务部经办人对来人身份及证明信确认无误的，方可受理来人经办业务，且公司经办人员应在相应的业务单据及证明材料上签名，以示负责（对方上门收款的业务，必须在付款同时取得对方的收款收据）。对于本地供应商派人到公司收款的业务，如彼此熟知情况并对来人确认的，可不需证明信，按正常付款手续办理。反之，则需按财务要求出具相应的证明材料方可办理付款手续。

3.7.5 各相关采购业务经办人，应按月份（以每月20日价格为准）对自己分管的采购物资进行归类，按不同供应商分别列示供应价格，出具物资采购报价明细单，于每月25日前报财务部材料会计处。

3.7.6 设立采购备查账。相关业务经办人应自采购（或劳务）合同生效之日起开始分供应商进行业务备查账记录（注明供应商名称、电话、联系人），按业务发生时间先后顺序，详细记录每一笔经济业务的采购计划单号、合同号、品名、规格、含量、合同数量、合同金额、到货时间、规格、含量、来料数量、入库数量、金额、付款时间、付款方式、付款金额、欠款金额及开票情况等，属工程劳务业务的，经办人要登记工程劳务名称、合同金额、付款金额及开具发票情况，以便与财务核对账目之用。在供应商开票时，要求业务经手人与供应商核对无误（金额、数量、品名）才能开票，以免取得的发票与实际业务内容不符。

3.7.7 公司采购货物或接受劳务业务经办人以私人名义或未经公司分管领导签批许可，私自利用公司各类公章与外部业务单位产生的负债业务（即个人行为后果），由行为个人自负，如因此给公司造成经济纠纷的，公司将追究当事人经济或刑事责任。以职务之便侵吞公司资金的，以贪污论处。

3.7.8 采购业务经办人应对提交财务部的原始业务凭证的合法性、真实性、完整性、规范性负责，并对传递至财务部的用款申请与发票做好单据传递记录。

3.7.9 涉及采购业务，应由需求部门提出需求计划单（采购计划单），经仓库保管员确认库存、部门负责人及分管领导核准后，报采购部后进入实际采购流程。

3.7.10 公司财务及审计小组对所有采购（工程劳务）业务全过程进行跟踪监督与审计。采购人员要自觉接受财务和审计部门对采购活动的监督和质询。对采购人员在采购过程发生的违犯廉洁制度的行为，审计部门将有权对有关人员提出降级、处罚、开除的处理建议，直至追究法律责任。

3.7.11 对经董事长批准的特殊业务，在规避公司风险的前提下，按董事长批复处理。

拟定		审核		审批	

六、物资采购质量管理办法

标准文件		物资采购质量管理办法	文件编号	
版次	A/0		页次	

1. 目的
为加强公司物资采购质量管理，提高管理水平，特制定本办法。

2. 适用范围
2.1 本办法适用于公司的物资采购质量管理。
2.2 本办法所称物资采购质量管理是指依照国家质量法律法规和公司相关制度、标准，对物资采购质量实行控制及对有关问题协调处理的活动。

3. 原则
3.1 公司物资采购质量管理工作实行统一管理、分级负责的原则。
3.2 公司物资采购质量管理工作，坚持源头把关、过程控制、落实责任、强化监督的原则。
3.3 公司实行"谁采购，谁负责"的质量负责制。物资采购出现质量问题、事故，应按照权责对应的原则，追究设计选型、供应商选择、采购实施、驻厂监造等企业和人员的责任。

4. 管理规定

4.1 机构与职责

4.1.1 公司物资采购管理部统一管理公司物资采购质量工作，履行以下主要职责：

（1）贯彻执行国家质量法律法规，组织制定公司物资采购质量管理规章制度。

（2）负责指导、监督、检查公司物资采购质量管理工作。

（3）协助调查处理物资采购特、重大质量事故。

（4）组织协调处理公司企业间物资采购质量问题、事故与纠纷。

（5）负责组织授权采购部和质量管理小组开展质量管理工作。

4.1.2 公司相关部门按照职能分工负责物资采购质量管理的相关工作。专业分公司按照管理权限，参与本专业范围内的物资采购质量管理工作，协助采购部开展物资采购质量管理工作的监督与检查。

4.1.3 采购部负责本公司的物资采购质量管理工作，履行以下主要职责：

（1）贯彻落实公司物资采购质量管理办法。

（2）负责组织开展物资采购质量管理工作。

（3）负责公司物资采购质量问题、事故与纠纷处理。

（4）协助调查处理公司物资采购一般和较大质量事故。

（5）组织开展公司重要物资驻厂监造工作。

（6）组织开展公司物资采购质量检查工作。

（7）负责对公司物资采购质量情况进行统计分析上报工作。

4.1.4 采购管理部门设立专（兼）职物资质量管理人员。

4.2 质量控制

4.2.1 采购物资应符合国际标准、国家标准、行业标准。没有上述对应标准的物资，可依据经标准化主管部门备案的生产企业有效标准。

4.2.2 采购实施前，采购人员应充分地了解采购物资信息，准确地掌握相关质量要求和执行标准。必要时协同技术主管部门以及设计、使用等部门与供应商进行充分的交流沟通，签订质量、技术协议，作为标准的补充。

4.2.3 除国家或公司规定必须公开招标采购外，供应商应在公司统一的物资供应商库中选择，公开招标采购物资也应对供应商质量管理体系进行考核与评价。

4.2.4 公司采购重要和关键物资可对供应商进行现场考察、物资质量抽查，或进行质量管理体系第二方审核，对供应商提供产品和服务质量保证能力进行检查或验证。

4.2.5 公司与供应商签订物资采购合同时应明确采购物资执行的质量标准及技术协议，约定质量验收方法和质量责任的承担。对于关系到安全生产、健康环

保的重要物资和复杂设备,必要时可约定质量保证金

4.2.6 凡列入公司产品驻厂监造目标的物资,应按照《××公司产品驻厂监造管理规定》要求组织开展驻厂监造工作。

4.2.7 公司应根据物资料性选择合适的搬运工具、设备和运输方式。对于国家规定有特殊运输要求的物资,应选择具备相应资质和条件的运输企业和人员。

4.2.8 公司制定物资质量检验和验收的相关规定,明确物资质量检验和验收的方式、方法、程序以及其他相关要求。任何物资不经质量检验或验收,不得办理入库和结算手续。

4.2.9 对公司必检物资目录内的物资,应在国家或公司认证的机构中,选择具有相应资质、良好业绩和检测能力的检验机构进行质检工作。

4.2.10 仓库管理人员应依据公司物资仓储管理的相关制度和规范对库内物资合理存放,妥善维护与保养,并进行定期盘点,防止仓储物资毁损、变质和灭失。有特殊要求的物资,按照国家和公司有关规定存储。

4.2.11 物资出库发放应严格履行程序。仓库管理人员应及时地提供出库物资的相关技术资料和质量证明材料。

4.2.12 仓管部门应加强对不合格物资的管理,明确不合格物资的处置方式和程序,及时有效地进行合理处置,并做好相关记录,经技术或质量部门认可批准可降级使用的,要做好使用跟踪,制订预防措施。

4.2.13 采购部应建立物资采购质量管理档案,保证采购物资质量具有可追溯性。

4.3 质量问题、事故与纠纷处理

4.3.1 公司实行物资采购质量问题和物资采购质量事故分类管理,并建立纠纷反馈和处理机制,组织相关部门和人员按照规范程序进行处理。

4.3.2 组织成立一级采购物资质量管理工作组,负责对各部门上报的一级采购物资质量问题、事故与纠纷进行调查,并对责任进行划分和认定,按有关规定处理。

4.3.3 采购部建立二级采购物资质量问题、事故与纠纷反馈和处理机制,确保及时地发现、有效地处理,并按季度向公司上报情况。

4.3.4 采购物资尚未使用到生产建设和经营活动中,在入库检验、运输、仓储保管、安装调试等过程发现的不合格物资事件均为物资采购质量问题,导致生产、工期延误或造成较大经济损失,或由于恶意行为造成质量隐患,以及在多个部门发生相同或类似质量问题的为重大质量问题。

4.3.5 按照公司质量事故管理规定,因物资采购质量问题在生产建设和经营

活动中造成损失的均为物资采购质量事故。

4.3.6 发生物资采购质量问题和质量事故，供需双方不能就相关问题取得一致意见而引起争执的事件为物资采购质量纠纷。

4.3.7 发生物资采购质量问题时，由采购部门负责与供应商协商，按合同约定的退货、换货、索赔等方式处理。对属于重大质量问题的，采购部应充分调查取证，按照公司有关规定，对相关部门、责任人员和供应商进行处理。公司物资部门应填写"物资采购重大质量问题报告单"，及时上报公司。

4.3.8 发生物资采购质量纠纷时，总经理室应依据合同约定方式进行协调；不能取得一致意见的，按照公司纠纷案件管理规定，通过法律途径解决。

4.3.9 公司建立物资质量报告制度，采购部门应按要求定期填写"物资采购质量情况统计表"，进行汇总分析后予以公布。

4.4 监督与责任

4.4.1 总经理室应对物资采购质量管理工作进行定期检查与考核。

4.4.2 公司质量管理部门按照《××公司采购物资质量监督规定》，对物资采购质量进行监督。

4.4.3 公司审计、监察部门按照各自的职责范围，对物资采购质量管理工作进行定期或专项审计、监察，由监察部门对违规行为进行处理。

4.4.4 对于违反本办法规定的部门，公司予以通报批评。有下列行为之一的人员，给予批评教育，情节较重的，按照《××公司管理人员违纪违规行为处理规定》给予处分：

（1）采购质量不合格物资的。

（2）采购未取得生产许可、强制认证或不符合公司产品质量标准的物资的。

（3）未按驻厂临造目录规定实施驻厂监造的。

（4）未按规定对入库物资进行检验，或检验失真、弄虚作假隐瞒产品质量缺陷的。

（5）未按规定保管、装运物资，造成物资损坏或质量下降的。

（6）未对发现的不合格物资做出有效处理的。

（7）对发生的采购物资质量问题、事故和纠纷隐瞒不报、谎报，干扰调查处理的。

（8）其他违反本办法规定的行为。

| 拟定 | | 审核 | | 审批 | |

第三节　采购管理表格

一、年度（预测）采购需求计划表

年度（预测）采购需求计划表

部门：

序号	项目名称	采购主体	资金来源	项目预算	项目类型	计划采购时间	采购数量	交货期或工期	是否有拆分采购需求	建议采购方式	设备生产周期	备注

总经理：　　　　　副总经理：　　　　　计划经营部：　　　　　生产技术处（或相关部室）：
审核：　　　　　　　　　　　　　　　　制表：

二、批次（月度）采购需求计划表

批次（月度）采购需求计划表

部门：

序号	项目名称	项目编号	资金来源	项目预算	项目类型	计划采购时间	采购数量	交货进度	备注

三、月度采购需求计划表

月度采购需求计划表

部门：

序号	物资名称	资金来源	概算	规格型号	计划需求时间	采购数量	单位	备注

四、月度物资需求计划审批表

月度物资需求计划审批表

物资需求部门：	审批意见
物资名称：	总经理签字： 日期：
用途说明：	采购部签字： 日期：
	计划经营部签字： 日期：
	物资审批部门签字： 日期：
	物资需求部门签字： 日期：
附：月度采购需求计划表	
提报人：	电话：
物资供应部：	 日期：

注：1. 办公桌椅、电脑、电脑耗材、电话等办公用品类物资由综合部审批。
　　2. 劳保用品类物资由人力资源部审批。
　　3. 其他生产用物资由相关生产技术部门审批。
　　4. 物资材料的资金计划由计划经营部审批。

五、专用件价格测算流转单

专用件价格测算流转单

项目名称			零部件图号			零部件名称		
基础零部件		图号			专用件目标价格（元）			
		价格（元）						
基础零部件适用产型					开发类型			
主管人员：			科长：			所长：		
供应商名称			报价		谈判价格		是否达到目标价格	
			报价		谈判价格		是□ 否□	
			报价		谈判价格		责任人：	
确定供应商			最终价格				日期：	

六、新开发零部件价格变动情况表

新开发零部件价格变动情况表

序号	零部件				单位	价格（含税，元/吨）					
	名称	材质	规格	产地		1月	2月	…	…	…	…
1											
2											
3											
4											
…											
请附：××××年1月份至报价月份的主要零部件采购价格发票复印件。											

七、新开发零部件批产价格汇总表

新开发零部件批产价格汇总表

零部件图号		零部件名称		
零部件技术参数				
材质		毛坯重量（kg）		净重（kg）
加工方法		长宽		面积

115

续表

序号		金额（元）	备注
一	制造成本（不含税）		
1	直接材料		
2	外购外协件		
3	辅料		
4	直接人工		
5	燃料动力		
6	制造费用		
二	管理费用		

序号		金额（元）	备注
三	财务费用		
四	销售费用		
五	成本合计（不含税）		
六	利润		
七	增值税		
八	模具费分摊		
九	运费分摊		
十	包装物分摊		
	含税报价		

八、新开发零部件、外购外协件批产价格分析核算表

新开发零部件、外购外协件批产价格分析核算表

序号	零件		每产品件数	材料			下料尺寸	消耗定额及材料成本（含税）						零件净重（长度/面积/体积）
	代号	名称		名称	来源（自制/国产/进口）	材质/规格		计量单位	消耗定额(A)	单价(含税)(B)	可回收材料重量(C)	可回收材料单价(D)	可回收材料金额(E=C×D)	总金额(含税)(F=A×B~E)	
				合计											

九、采购价格评审表（测算）

采购价格评审表（测算）

业务类别												
序号	零件号	零件名称	单位	供应商	零部件价格			状态描述	评审部门				
					目标价格	报价	差异		业务部门	技术中心	质控部	工艺科	财务部
1													
2													
3													
…													
提报部门：													
评审部门	业务部门												
	技术中心												
	质控部												
	工艺科												
	财务部												

十、采购价格评审表（类比）

采购价格评审表（类比）

业务类别											
序号	定价零部件				基础零部件					产品技术状态类比差异说明		建议批报价格
	图号	名称	单位	技术状态变化说明	图号	名称	单位	技术状态	现行价格	技术状态差异	成本差异	
1												
2												
3												
…												
提报部门：												
评审部门：	业务部门											
	技术中心											
	质控部											
	工艺科											
	财务部											

十一、采购价格审批表

采购价格审批表

业务类别						归口业务部门			
序号	零件号	零件名称	单位	评审价格	审核价格	供应商名称	供应商代码	执行起止日期	备注
1									
2									
3									
4									
…									
会签部门	业务部门								
	技术中心								
	质控部								
	工艺科								
	财务部								

十二、采购价格调整评审表

采购价格调整评审表

业务类别											
序号	零件号	零件名称	单位	供应商	零部件价格			状态描述	评审部门		
					现价格	拟调整价	调整幅度		业务部门	技术中心	财务部
1											
2											
3											
4											
…											
提报部门：											
评审部门	业务部门										
	技术中心										
	财务部										

十三、采购价格调整审批表

采购价格调整审批表

业务类别										
						归口业务部门				
序号	零件号	零件名称	单位	原价格	拟调整价	调整幅度	供应商	供应商代码	调整起始日期	调整原因
1										
2										
3										
…										
提报部门：										
审核单位	财务部									
	财务总监									
	主管厂长									

十四、设计变更产品价格评审表

设计变更产品价格评审表

序号	零件号	零件名称	单位	原图号	原价格	设计变更状态描述	评审价格				
							采购部	技术中心	质控部	工艺科	财务部
1											
2											
3											
4											
…											
提报部门：											
评审部门	技术中心										
	采购部										
	质控部										
	工艺科										
	财务部										
	主管厂长										

十五、多退少补统计报表

多退少补统计报表

序号	入库单号	零件号	零件名称	厂家代号	厂家名称	单位	开票数量	入库数量	合同单价	结算单价	差额	发票号
1												
2												
3												
4												
5												
6												
…												
	合计											

制表：　　　　采购审核：　　　　财务复核：　　　　审核：　　　　审定：　　　　批准：

十六、采购订单

采购订单

订单号：
订购日期：

供方（公司全称、地址）：
联系人及联系方式：

项次	品名	规格型号	计量单位	数量	单价	总价	到货时间	备注
								币种：RMB
								价格条件： □出厂价 □到我方仓库价 □其他

附加说明事项
1. 供应商回复：□同意接单　□不同意接单
2. 付款条件：
3. 包装方式：
4. 检验标准：
5. 运输方式：
6. 运送地点：
7. 仓库联系电话：
8. 其他说明：供应商收到订单，必须在24小时以内回复交期；如有问题请及时与采购员联系。

审核：　　　　　　　　采购员：　　　　　　　　供应商签字：
　　　　　　　　　　　　　　　　　　　　　　　　盖章：

十七、采购订单变更通知单

采购订单变更通知单

订购变更单号：
订购变更日期：

供应商（公司全称、地址）：
联系人及联系方式：

币种：

品名	规格型号	计量单位	变更前					变更后					供应商回复
			数量	单价	总价	到货时间	订购单号	数量	单价	总价	到货时间	订单单号	
													□同意接单 □不同意接单

附加说明事项：
1. 付款条件：
2. 包装方式：
3. 检验标准：
4. 运输方式：
5. 运送地点：
6. 收货人及联系方式：
7. 其他说明：供应商收到订单，必须在24小时以内回复交期；如有问题请及时与采购员联系。

审核：　　　　　　采购员：　　　　　　供应商签字：

十八、采购订单取消通知单

采购订单取消通知单

订购取消单号：
订购变更日期：

供应商（公司全称、地址）：
联系人及联系方式：

币种：

品名	规格型号	计量单位	取消内容					供应商回复
			数量	单价	总价	到货时间	订购单号	
								□同意 □不同意

附加说明事项：
供应商收到订购取消单，如有异议必须在收到该通知后24小时内书面回复，否则视为接受。

审核：　　　　　　采购员：　　　　　　供应商签字：

十九、到货反馈表

到货反馈表

供应商名称	采购物资（品名、规格）	采购数量（吨）	要求到货时间	实际到货时间	到货数量（吨）	上差量	下差量	时间、数量差异原因	入库时间	备注

二十、材料质量进货检验汇总表

材料质量进货检验汇总表

供应商名称	采购物资（品名、规格）	有否双方确认的质量标准	实际到货时间	到货数量（吨）	进货检验结果	不合格描述	批处理意见	备注

二十一、使用质量周报表

使用质量周报表

部门	供应商名称	采购物资（品名、规格）	采购数量（吨）	有否双方确认的质量标准	实际到货时间	使用质量反馈	不合格描述	备注

二十二、预付款申请单

预付款申请单

申请部门			申请人	
付款类别	☐ 订金（尚未开发票） ☐ 分批交货暂支款			
付款金额				
说明				

采购经理审核：　　　　　　　财务部：　　　　　　　总经理：

二十三、请款单

请款单

请款金额		请款部门		请款人		请款日期	
合同编号		合同经办人		签订付款额		已付款额	
入库验收人		入库时间		付款时间		欠付款	
财务部审核意见							
收款单位							
开户行							
账号							
请款理由：				采购部审核意见：			
审批意见：							

二十四、采购付款申请表

采购付款申请表

申请表编号：　　　　　　申请时间：
公司名称：　　　　　　　地址：　　　　　　　　　电话：
收款单位名称：　　　　　地址：　　　　　　　　　电话：

序号	物资编码	名称	型号描述	合同编号	合同数量	单位	单价	入库数量	金额	备注

续表

	合计								
总金额(大写)		佰	拾	万	仟	佰	拾	元	角	分
特别说明	后付单据								
	其他说明								
付款申请人			采购经理审核						
总经理审批			财务部审批						

二十五、物资采购重大质量问题报告单

物资采购重大质量问题报告单

发生部门		发生时间	
情节概述（包括具体时间、地点、涉及的物资品种和供应商、总采购数量、问题数量、质量问题内容、涉及的金额或直接经济损失、主要过程、社会负面影响等，可另附页）：			
处理情况（包括处理的相关部门、处理程序、主要处理措施和取得的效果等，可另附页）：			
报告人：	联系电话：		日期：

二十六、物资采购质量纠纷处理单

物资采购质量纠纷处理单

上报部门		上报时间	
情节概述（包括发生纠纷的双方部门、主要纠纷情况、需要解决的问题等，可另附页）：			
上报部门（盖章） 　负责人签字：		日期：	

续表

公司物资采购管理部组织处理情况（包括组织的人员、处理程序、责任认定和处理结果等，可另附页）：
参加调查和处理人员签字： 　　　　　　　　　　　　　　　　　　　　　　　　　　　　日期： 部领导批准： 　　　　　　　　　　　　　　　　　　　　　　　　　　　　日期：

二十七、物资采购质量情况统计表

物资采购质量情况统计表

<table>
<tr><th colspan="2" rowspan="2">分类</th><th colspan="2">物资采购质量问题</th><th colspan="4">物资采购质量事故</th></tr>
<tr><th>一般质量问题</th><th>重大质量问题</th><th>一般质量事故</th><th>较大质量事故</th><th>重大质量事故</th><th>特大质量事故</th></tr>
<tr><td rowspan="2">____年第__季度</td><td>发生次数</td><td></td><td></td><td></td><td></td><td></td><td></td></tr>
<tr><td>涉及／直接损失金额(万元)</td><td></td><td></td><td></td><td></td><td></td><td></td></tr>
<tr><td rowspan="2">本年累计</td><td>发生次数</td><td></td><td></td><td></td><td></td><td></td><td></td></tr>
<tr><td>涉及／直接损失金额(万元)</td><td></td><td></td><td></td><td></td><td></td><td></td></tr>
<tr><td colspan="8">对物资采购质量管理的相关建议（可另附页）：</td></tr>
<tr><td colspan="3">填报人签字：
联系电话：
日期：</td><td colspan="3">物资部门负责人签字：

日期：</td><td colspan="2">分管领导签字：

日期：</td></tr>
</table>

注：此表于每季度末的前5个工作日内上报采购部，如反馈期内无物资采购质量问题和质量事故发生，也应按日期上报，在相应栏内填写"无"。

第四章

生产管理

第一节　生产管理要点

一、生产管理的内容

通常来讲，生产管理主要包括如下内容：

（1）要设计科学的组织结构与组织文化，做好组织管理，使整个部门的潜能得到充分发挥。

（2）根据产品需求预测制订产能规划，要求生产管理人员要清楚自己的产能及瓶颈工位，并据此制订工具设备计划及人力资源需求与培训计划。

（3）根据计划安排生产，并配合相关部门确保计划的达成。如有异常，应及时地反馈。如实在无法达成，应配合相关部门做好计划调整。

（4）配合生产工程部门制定好作业标准，并培训按标准作业。

（5）配合生产工程部门改善工艺，并在内部形成奖励机制，以提高作业效率。

（6）配合相关部门做好品质管理。要求员工按标准作业，树立下一工序就是客户的思想，做好工序作业特别是关键工序的控制，并以完善的三检机制来确保品质。

（7）配合相关部门做好物料管理。首先要配合相关部门做好备料或配送工作，同时要做好现场物料及半成品管理。通常来讲，当日生产结束，生产线不应有剩余物料及成品。坏料要及时退仓。

（8）做好成本管理工作。生产部门的成本管理主要通过改善工艺、提高作业效率并减少物料及辅料的耗用实现。

（9）做好现场 5S 管理工作，标识清楚，物料文件及工夹具与日常用具分类存放，环境整洁赏心悦目。

（10）做好文件管理工作，使各项工作都有文件可依并方便使用，同时各项记录与报告要妥善保存。

（11）配合相关部门做好后勤保障工作，使员工衣食住行及健康安全等有保障。

（12）配合相关部门做好绩效管理工作，充分发挥员工的积极性与创造性。

二、生产管理的要求

1. 制订生产计划

生产计划主要是指月计划、周计划和日计划。原则上，生产部门要以营销部门的销售计划为基准来确定自己的生产计划，否则在实行时就很可能会出现产销脱节的问题：其一是生产出来的产品不能出货，其二是能出货的产品却没有生产，不管是哪一种情形，都会给企业带来浪费。当然，由于市场本身瞬息万变，所以营销部门有时也无法确定未来一段时期内的销售计划。这时，生产部门就要根据以往的出货及当前的库存情况去安排生产计划，并传达给采购部门以及营销部门。

2. 把握材料的供给情况

虽然说材料的供给是采购部门的职责，但生产部门也要随时把握生产所需的各种原材料的库存数量，其目的是在材料发生短缺前能及时地调整生产并通报营销部门，以便最大限度地减少材料不足所带来的损失。

3. 把握生产进度

为了完成事先制订的生产计划，生产管理者必须不断地确认生产的实际进度。要每天将生产实绩与计划作比较，以便及时地发现差距并采取有效的补救措施。

4. 把握产品的品质状况

衡量产品品质的指标一般有两个：过程不良率及出货检查不良率。把握品质不仅仅要求生产管理者去了解关于不良的数据，更要对品质问题进行持续有效的改善和追踪。

5. 按计划出货

按照营销部门的出货计划安排出货，如果库存不足，应提前与营销部门联系以确定解决方法。

第二节　生产管理制度

一、生产计划管理制度及考核办法

标准文件		生产计划管理制度及考核办法	文件编号	
版次	A/O		页次	
1. 目的 为提高生产效率，实现准时化生产，确保市场需要得到有效的确认，销售订				

单得到有效的执行，生产过程得到有效的控制，用户需求得到有效的满足，特制定本办法。

2. 适用范围

本办法适用于公司所有产品、备件、工装、原材料的生产管理及生产计划的制订、控制与考核。

3. 职责

3.1 营销部

3.1.1 负责生产合同的下达，负责当月产成品计划的调整。

3.1.2 负责当月生产所需原料供应。

3.1.3 负责生产过程中与客户沟通信息的传递。

3.2 生产部

3.2.1 负责生产、上交计划的编制、报批和下达。

3.2.2 负责生产计划的组织实施及过程控制。

3.2.3 负责工装制造计划及当月生产所需材料计划的提报。

3.2.4 负责定期组织调度会和生产专题会。

3.2.5 负责年、月、周、日生产数据的统计及报出。

3.2.6 负责公司内部设备或生产能力不能满足生产进度需求时的外协加工。

3.2.7 负责未完成计划的考核提报及因生产原因造成未完成计划的原因分析、责任认定及纠正预防措施的制订。

3.3 技术部

3.3.1 负责产品图纸的解释、相关工艺文件及产品图纸的编制（绘制）。

3.3.3 负责为生产部提供必要的技术信息，配合完成原料计划的编制。

3.3.4 负责大型工装、附具的设计。

3.3.5 负责质量管理工作及质量异议的处理。

3.3.6 负责对生产过程中出现的技术、质量问题进行处理。

3.3.7 负责组织对不合格品进行分析，并提出解决方案。

3.3.8 负责因技术、质量问题造成未完成计划的原因分析、责任认定及纠正预防措施的制订。

3.4 机械动力部

3.4.1 负责对全厂动力系统、机器设备的正常运行提供保障，根据实际情况和设备特点搞好能源、动力设备的预防性维修工作，组织实施设备的保养、点检、定修、大中修理及特种设备的检查等工作。

3.4.2 负责调查、分析、处理生产过程中能源、动力系统、机器设备出现的各种故障，并在事后采取相应的改进及预防措施。

3.4.3 负责因设备问题造成未完成计划的原因分析、责任认定及纠正预防措施的监督完成。

3.5 各生产车间

3.5.1 负责根据生产计划按时组织生产，并及时地向生产部反馈计划完成情况。

3.5.2 负责在规定时间内向生产部报送有关报表或单据。

3.5.3 负责向有关部门及时地反馈技术质量或设备问题并配合完成整改。

4. 管理规定

4.1 生产计划的类型及制定部门

4.1.1 项目计划。

4.1.2 月度生产、上交计划。

4.1.3 周生产、上交计划。

4.1.4 日生产、上交计划。

4.1.5 临时生产、上交计划。

4.1.6 工装生产计划。

4.1.7 材料计划。

4.1.8 原料计划。

4.2 生产计划的编制、审批及发放

4.2.1 项目计划由生产部根据合同工期于接到销售订单 7 个工作日内编制完成，经主管经理审批后于 2 个工作日内下发执行。

4.2.2 月度生产、上交计划由生产部根据合同工期及设备能力，于每月 25 日前编制完成，经主管经理审批后于每月 25 日下发执行。

4.2.3 周生产、上交计划是由生产部根据月度生产、上交计划、营销部短期需求、实际生产状况下达的指令性计划。于每周日前编制完成，经生产部长审批后于下周一下发执行。

4.2.4 日生产、上交计划由各生产车间根据月度生产、上交计划、实际生产状况于每日 17 点前编制完成。车间负责人审核后，报生产部计划员审批后于下一工作日下发执行。

4.2.5 临时生产、上交计划由生产部根据月度生产、上交计划、营销部短期需求、实际生产状况下达的指令性计划。于接到订单后 2 个工作日编制完成，经主管经理审批后下发执行。

4.2.6 工装生产计划由各生产车间根据月度生产、上交计划、实际生产状况于每月 20 日前编制完成。车间负责人审核后，报生产部长审批后下发执行。

4.2.7 材料计划由各生产车间根据月度生产、上交计划、实际生产状况于每月 20 日前编制完成。车间负责人审核后，报生产部长审批后下发执行。

4.2.8 原料计划由生产部根据生产工艺，于接到工艺后 1 个工作日内编制完成，经生产部长审批后下发执行。

4.2.9 各类计划信息必须表达明确、清晰，指导性强。

4.3 生产计划的调整

4.3.1 生产计划执行遇以下情况时需要做出调整：

（1）订单的增加、减少或取消导致生产量变更。

（2）设备、人力或原材料的配备无法配合生产任务如期完成。

（3）生产过程及其他因素改变导致计划无法实施。

（4）突发事故影响了生产计划的如期完成。

4.3.2 生产计划的调整流程及要求。

（1）各项计划一旦确定，原则上不允许随意变动，确有异常情况需要调整生产计划时，按照需调整的生产计划的原审批程序进行。

（2）如果机动部、车间在计划外加入其他生产任务而又不影响原有生产任务的按时完成，可由机动部、车间协调安排，但需通报生产部。

4.4 生产进度控制

4.4.1 生产部及各生产车间负责人应随时了解和掌握生产过程的实际情况及生产进度。如发现生产进度延误时，应督促相关部门改善并及时通报，以确保生产计划按时完成。

4.4.2 对影响生产进度的问题，由生产部负责要求相关部门或车间整改，并落实具体责任人和具体整改日期。对于所有阻碍计划执行的问题，都必须在规定的时期内由专人负责进行整改；对于整改协调过程中出现的争议，要及时报主管经理协调和解决。确保生产计划的严肃性和可执行性，以推动生产计划的按时完成。

4.4.3 生产部负责公司总体生产计划控制，负责对影响生产计划执行的部门和个人进行考核。

4.5 生产计划总结

4.5.1 各部门根据生产计划完成情况，比较计划与实际情况的差距并进行相应的分析，进而提出改进意见。

4.5.2 生产部对生产计划各项指标进行分析，每周一小结，查找生产计划未达成的原因。将突出的重点问题知会各相关部门，督促各部门对存在问题予以改善并检查改善效果。

（1）调度日报表每日 8 点前报出。

（2）生产动态跟踪表每日 8 点前上传。

（3）周生产报表每周一15点前报出。

（4）月生产报表每月28日报出。

4.6 考核细则

4.6.1 因工作未开展或工作质量差，对生产造成影响的按以下规定进行考核：

（1）造成排产顺序调整的，每次处罚责任部门××元。

（2）造成热停机1小时以上的，处罚责任部门××元/小时。

（3）造成当日计划延期执行的，处罚责任部门××元。

（4）每耽误其他工序生产2小时处罚责任部门××元。

（5）月度生产计划完成率95%以上，每低1个百分点处罚责任部门××元，月度上交计划完成率98%以上，每低1个百分点处罚责任部门××元；周上交计划完成率100%，每低1个百分点处罚责任部门××元；

（6）技术部应及时地反馈生产技术准备完成情况，已下达生产技术准备完毕通知但仍不具备生产能力的，每次处罚技术部××元。

4.6.2 临时计划按时完成并将有关单据转生产部，无正当理由不按时完成每延期一天处罚责任部门××元；有关单据每迟报一天，处罚责任部门××元。

4.6.3 因使用、维护、保养不当或维修不及时而影响生产，按本制度4.6.1的（1）考核。

4.6.4 因产品质量达不到要求而影响生产，按本制度4.6.1的（1）进行考核。

4.6.5 技术、质量问题24小时不解决或推诿扯皮，每次处罚技术部××元；若影响生产，按本制度4.6.1的（1）追加考核。

4.6.6 人员调配不合理而影响生产，处罚责任部门××元/人次。

4.6.7 合同无正当理由不能按期交货，处罚生产部××元/天；资源调配不合理而影响生产，处罚生产部调度××元/次。

4.6.8 材料计划未按时提报，处罚责任部门××元/天，造成生产计划无法按时下达的，处罚责任部门××元/次。

4.6.9 月度生产、上交计划、周计划、临时计划、材料采购计划的编制和下发未按时完成，处罚生产部责任人××元/每次；影响生产的处罚责任人××元/次；计划不合理，无法执行的，处罚责任人××元/次。

4.6.10 外协件、自制件、原材料、辅料供应，因质量问题或到位不及时而影响生产的，按本制度4.6.1的（1）进行考核。

4.6.11 因生产组织不力而影响生产的，按本制度4.6.1的（1）进行考核。

4.6.12 计划不能正常进行时，生产车间向生产部反馈不及时或不反馈，处罚责任部门××元/次。

4.6.13 生产报表不填报、不及时、不准确，处罚责任人××元/次。

4.6.14 私自调整计划，视为未完成计划，按本制度 4.6.1 的（3）进行考核；造成当日生产顺序调整，按本制度 4.6.1 的（1）进行考核。

4.6.15 各生产单位无正当理由不接受生产计划（指令）或推诿扯皮的，处罚责任单位负责人 ×× 元 / 次。

4.6.16 生产部和营销部因承担的外协件或原材料件组织任务被处罚，生产部与营销部能够提供充分证明已完全尽到组织职责，完全由供方自身原因造成，可按公司有关规定提出对供应商的处罚意见，该部门责任予以免除。

4.6.17 不具备批量生产条件的产品以及不成熟的产品，将进行专项考核，不属本办法考核范围。

4.6.18 在事实确认过程中，各部门一定要实事求是，以吸收教训为主要目的，凡弄虚作假的一经查实，加倍处罚。

4.6.19 其他因相关部门工作失误造成设计、质量、试制等原因影响正常生产，将问题遗留到生产现场解决的，按照 4.6.1 的（1）进行考核。

4.6.20 本考核由生产部提出，生产、技术、设备部门分别确认责任后，一式三份：自留存一份备案，交生产部两份。

4.6.21 生产部为考核提报部门，综合管理部为考核落实部门。

拟定		审核		审批	

二、生产计划变更管理办法

标准文件		生产计划变更管理办法	文件编号	
版次	A/0		页次	

1. 目的

为规范生产计划变更流程，使计划更为顺畅地得以执行，特制定本办法。

2. 适用范围

本办法适用于因市场需求变化、生产条件变化或其他因素引起的生产计划变更管理。

3. 定义

本办法所指的生产计划变更是指已列入周生产计划内的生产订单，因市场需求变化、生产条件变化或其他因素需调整生产计划的变更。

4. 具体内容

4.1 变更时机

4.1.1 客户要求追加或减少订单数量时。

4.1.2 客户要求取消订单时。

4.1.3 客户要求变更交货期时。

4.1.4 客户有其他要求导致生产计划必须调整时。

4.1.5 因生产进度延迟而可能影响交货期时。

4.1.6 因物料短缺预计将导致较长时间停工时。

4.1.7 因技术问题延误生产时。

4.1.8 因品质问题尚未解决而需延迟生产时。

4.1.9 因其他因素必须对生产计划进行调整时。

4.2 变更流程规定

4.2.1 生产管理部在遇到上款规定的各种状况，经确认必须变更生产计划时，应发出变更通知。一般应包含下列内容：

（1）生产计划变更原因。

（2）计划变更影响的生产部门及时间。

（3）原生产计划排程状况。

（4）变更后生产计划排程状况。

（5）需各部门注意配合的事项。

4.2.2 如生产计划变更范围较大，生产管理部应召集生控人员、物控人员、采购部、制造部、业务部或其他相关部门进行检讨确认。

4.2.3 如生产计划变更后，新计划与旧计划相比较有较大变化时，生产管理部门应通知新的周生产计划。

4.2.4 变更通知单及其附件除生产管理部自存外，应比照生产计划的发放要求，发放到各相关部门。

4.2.5 各部门收到通知单后，应立即确认本部门工作安排之调整，以确保计划的顺利执行。

4.3 生产计划变更后的作业规定

4.3.1 生产管理部。

（1）修改周生产计划及每日生产进度安排。

（2）确认并追踪变更后的物料需求状况。

（3）协调各部门因此产生的工作调整、配合。

4.3.2 业务部。

（1）修改出货计划或销售计划。

（2）确认变更后各订单交货期是否可以保证。

（3）处理因此而产生的需与客户沟通的事宜。

（4）处理出货安排的各项事务。

4.3.3 开发部。

（1）确认产品设计、开发进度，确保生产。

（2）确认技术资料的完整性、及时性。

4.3.4 生产技术部。

（1）确认生产工艺、作业标准的及时性、完整性。

（2）确认设备状况。

（3）确认工装夹具状况。

（4）确认技术变更状况。

4.3.5 品管部。

（1）确认检验规范、检验标准的完整性。

（2）确认检验、试验的设备、仪器状况。

（3）确认品质历史档案。

（4）安排品质重点、控制点。

4.3.6 采购部。

（1）确认物料供应状况。

（2）确认多订购物料数量及处理状况。

（3）处理与厂商的沟通事宜。

4.3.7 资材部。

（1）确认库存物料状况。

（2）负责现场多余物料的接收、保管、清退事宜。

（3）其他物料仓储事宜。

4.3.8 制造部。

（1）处理变更前后物料的盘点、清退、处理事宜。

（2）生产任务安排调整。

（3）人员、设备调度。

（4）确保新计划的顺利达成。

5. 相关表单

生产计划变更通知单。

拟定		审核		审批	

三、PMC 工作指引

标准文件		PMC工作指引	文件编号	
版次	A/0		页次	

1. 目的
为明确、规范 PMC（Production Material Control，生产及物料控制）部门作业流程，确保及时、准确安排生产，特制定本工作指引。

2. 适用范围
适用于 PMC 的作业流程管理。

3. 职责
3.1 计划员负责包装材料及生产物料的计算及申请，负责编制"生产及物料发放单"、跟进生产进度及安排出货。

3.2 PMC 指定专人负责包装材料及生产物料的申请工作。

3.3 生控员负责本部的生产排机工作。

4. 流程图

确定生产数、物料订购数 → 物料采购 → 指示生产 → 生产安排 → 物料控制 → 出货

5. 流程说明
5.1 确定生产数、申请物料数

5.1.1 计划员接到"做货单"后，核查仓存、确定需生产数，填写"做货单"相应栏目。如未填写需生产数，则视"做货单"数量为需生产数。

5.1.2 计划员如接到客户的订单预告，且已与客户协商过，可依订单预告安排生产及订料，计划员也需核查仓存确定"需生产数"。

5.1.3 计划员根据所确定"需生产数"，计算所需生产物料、核查物料仓存，依据"生产及物料计算指引"的有关要求确定生产物料的申购数，填写"采购申请单"交采购部。

5.1.4 如计划员所发出的"采购申请单"不能准确确定"要求到料时间"时，需填写"交期联络书"通知采购部门。

5.1.5 鉴于包装材料及生产物料的共享性，PMC 指定专人统一负责包装材料及生产物料的申购工作。

5.2 物料申购

5.2.1 采购部联络供货商采购，确定申购物料到厂日期后，填写"采购申请单"相应栏目回复 PMC。

5.2.2 PMC 依据"采购申请单"的日期，跟踪申购物料的实际到厂情况。如申购物料延期交货，采购员应及时地填写"申购物料延期通知"交 PMC。

5.3 指示生产

5.3.1 计划员在准确掌握物料仓存情况及物料到厂日期的前提下，考虑出货日期，适时、准确地发出"生产及物料发放单"。

5.3.2 计划员接到正式做货单后，需重新核查仓存、确定需生产数、考虑申购物料情况，发出"生产及物料发放单"。

5.3.3 已发放的"生产及物料发放单"有变更时，PMC 应通知相关部门作出相应的调整。

5.4 生产安排

5.4.1 生产部：生控员依据"生产及物料发放单"发出通知指示生产部的具体生产，并编制生产部 3 天生产计划作为参考。

5.4.2 其他各生产部门依据计划员发出的"生产及物料发放单"自行编排生产计划，当实际生产不能满足完成日期时，需及时地通知计划员，以便及时地作出调整。

5.4.3 各生产部门自行跟踪生产进度，记录在"生产单跟进表"中。

5.4.4 各计划员必须清楚各自客户的产品生产进度，确保产品准时入仓，以便货仓安排出货。

5.5 生产物料领用的控制

5.5.1 物料。

（1）生控员发通知至生产部跟单员，生产部生产时必须将此单挂于相应的机位。

（1）生产部依据通知中的发料数，可分批开出"领料单"领取所需物料。

（2）生产部管理人员应做好领用记录，以便于其清楚掌握用料情况。

（3）对于超出领用记录的、正常生产之外的，均需经生产部主管核准后，方可领用。

（4）计划员通过"物料控制分析表"，监控物料的发放。

5.5.2 其他生产物料。

（1）生产部门必须按照"生产及物料发放单"领取生产所需物料，并严格控制生产过程中物料的使用。

（2）货仓发放生产物料时，仓管员应在"生产及物料发放单"上记录发料情况。

（3）对于超出生产及物料发放单的、正常生产之外的，均需经 PMC 主管核准后，方可领用。PMC 主管签核单据后，需及时地将领用情况通知下属执行。

（4）由于生产过程中发现来料不良或生产不良所产生的补货情况，需经部门主管以上人员签名核准。

5.5 出货

5.5.1 具体出货由计划员提前发放"出货资料明细表"至成品仓。成品仓负责备货及安排车辆、人员送货。

5.5.2 当生产所需申购物料情况或实际生产等不能完全满足做货单要求，需推迟送货日期或需更改送货数量时，由计划员填写"出货修改申请"（或客户要求的形式）直接或通过业务部及客户服务部联络客户。对于经客户同意的、推期在两日之内的出货修改可不更改相应的"出货计划"。

5.5.3 计划员每月统计做货单的达成情况，做成"做货单达标率统计表"。

6. 相关表单

采购申请表；

生产及物料发放单；

生产单变更通知；

转模通知及物料领用记录；

生产日报表。

拟定		审核		审批	

四、4M1E 变更管理程序

标准文件		4M1E变更管理程序	文件编号	
版次	A/0		页次	

1. 目的

为保证本公司产品工艺设定完成后的生产、交货及使用阶段，为改善及提高品质与效率等所做的工程变更能得到有效的管理，特制定本程序。

2. 适用范围

适用于公司范围的 4M1E 的变更管理。

3. 职责

3.1 变更的提出

3.1.1 客户提出的工程变更需求或技术部的工程变更需求由技术部门提出。

3.1.2 生产过程中厂内的自发性变更需求由生产部或相关变更部门提出。

3.2 变更的审查

3.2.1 市场部负责与客户沟通联络，将变更资料提交客户批准。

3.2.2 采购部负责原材料的取得。

3.2.3 品质部负责品质的考量与评估、变更实施的审查。

3.2.4 生产部负责制程的考量与评估、变更执行、追溯及记录。

3.2.5 市场部负责库存数量的统计、变更导入的考量。

3.2.6 技术部负责仪器设备、生产工艺的考量、文件的修正。

3.2.7 财务部负责变更成本的考量与评估。

3.3 变更的核准

各部门主管负责工程变更申请及工程变更指示的核准。

4. 变更定义

4.1 工程变更定义

即 4M 变更：Man（人员）、Machine（设备、模具、治具、工具）、Material（材料、部品、构成分件）、Method（方法、工程、作业条件）。1E 变更：Environment（环境、作业场所等）。

4.2 人员变更

4.2.1 现场作业者大幅度调整时。

4.2.2 工程或现场 30% 以上人员变化时。

4.2.3 关键过程、特殊过程作业者变更。

4.3 设备变更

4.3.1 生产设备改造、更新、增设、新设、迁移时。

4.3.2 模具、治具的改造、更新、增设时。

4.4 材料、构成零件变更

4.4.1 供应商变更时。

4.4.2 材料变更时。

4.4.3 材料加工厂变更时。

4.5 方法变更

4.5.1 制造条件变更时。

4.5.2 加工方法、包装方法变更时。

4.6 环境变更

4.6.1 生产环境改变时。

4.6.2 生产场所变更时。

5. 工作程序

5.1 工程变更的提出

5.1.1 公司内部：若有工程变更提出时，则由工程变更提出部门填写"工程变更申请单"，经部门主管确认后交生产技术部及品质部审查是否可行，若不可行,则归档结案;若可行,则经生产部主管批准后执行。

5.1.2 出现以下工程变更时,相关部门应及时地通知客户:
(1)供应商变更。
(2)加工方法、包装方法变更。
(3)材料变更。

如发生以上变更,则必须提出变更申请通知客户,若客户回复为不可行,则归档结案;若客户回复为可行,则交由相关部门执行变更。

5.1.3 若客户有工程变更/设计变更提出时,生产技术主管应于3个工作日内完成审查,如可行则交相关部门依变更事项执行,如本公司无法执行则应及时地通知客户。

5.1.4 若供应商有工程变更提出时,则须依本公司的规定填写"工程变更申请单",并送交生产技术部主管审查、确认。

5.2 执行变更的规定

5.2.1 执行工程变更时,除依客户要求事项执行外,必要时可依客户的要求通知客户派人到厂共同执行。

5.2.2 实施 4M 变更时,执行变更部门应通知品管部确认品质。

5.2.3 操作人员需再进行相关培训后,方可执行变更作业;操作人员变更时,需通知品管部门前来检查,以确保品质。

5.2.4 设备变更时,生产技术部需要对作业指导书导书进行确认,确认是否需要更新作业指导书。

5.2.5 设备/材料/加工方法变更后,若客户有规定的,由品管部进行过程能力的调查及确认。

5.2.6 如材料/工艺变更,操作人员在领用材料时仓管员须在生产批量表上注明"材料变更"字样,生产过程中生产管理表应跟着产品一起流转,以免混淆;包装后应在包装袋的标签上注明"变更品"字样。

5.2.7 不合格品则依据《不合格品控制程序》执行。

5.3 品质确认

生产部依据《生产过程控制程序》进行管制;品质部依据《检验控制程序》规定进行品质确认,并对下列事项进行确认:

5.3.1 操作人员变更时,品质部应对外观、结合力等进行确认;设备/材料/方法变更时,品管部应对产品可靠性进行确认。

5.3.2 进行品质确认时,若发生不合格状况,则由生产部通知工程部和品质部进行审查,若品质无法达到要求,则归档结案;若可行,则提出可行方案,再重新执行变更。

5.4 标准化

5.4.1 工程变更完成后应把变更后的作业内容标准化，文件和资料按《文件与资料控制程序》执行；变更后的所有相关文件都应为最新版本。

5.4.2 各项工程变更相关记录按《记录控制程序》执行。

5.4.3 如涉及产品库存量时，应对库存品做出特别标识。

5.4.4 各项工程变更后生技部应在"工程变更申请单"上填写相应意见，及时地通知各相关部门。

5.4.5 品管部应对变更后的首件进行跟踪，以确认其品质。

5.4.6 对于变更后的产品变更情况应做好变更记录，以便跟踪管理。

6. 相关表单

工程变更申请单；

工程变更指示书；

首件检验报告。

拟定		审核		审批	

五、装配制程管制办法

标准文件		装配制程管制办法	文件编号	
版次	A/0		页次	

1. 目的

为使装配车间在装配过程中利用统计方法将组装条件包括材料、机械、人员、方法标准化，并控制其变数在管制状态下，以确保产品品质符合客户要求，特制定本办法。

2. 适用范围

本办法适用于装配车间的制程管理。

3. 工作程序

3.1 生产线人员管制

在每日生产前各组别应做好5S和物料上线前的准备工作，当班副组长应召集组装人员开早会，布置当日的工作任务，交代产品注意事项，在制程过程中，装配车间班、组长应监督操作人员安全规范操作。

3.2 生产进度管制

3.2.1 装配车间现场主管每日应查核生产是否依照预计进行，操作人员在生产过程中，作业步骤须依据产品 QC 工程内容操作，如果出现异常，应及时上报主管，与生管、生技、品管主管协商处理或对工作进行调整，重大异常需报备厂长，生产线班组长应随时对生产进度进行掌握。

3.2.2 每日下班后，装配车间组长根据当日生产状况填写"生产日报表"，并对当日所发生之异常填写"异常处理报告单"，通知责任部门改善。

3.3 物料控制

3.3.1 物料的领用及点检。

装配车间根据周生产计划上线前生管部发出的"制造命令单"，由仓管准备备料，物料到达仓库备料区后，由装配车间物料员进行清点数量及归类整理。

3.3.2 辅助材料的请购与管控。

装配车间所需辅助材料由专人负责计划请购且有效管控领用状况。

3.3.3 换料。

装配车间应在每日下班前将生产中的不良品做换料处理（不良品应区分段，且贴上相应不良品标签，需品管确认后方可进行换料处理），"制造命令单"换料需由现场主管或指定组长确认后方可。

3.3.4 成品缴库。

每日组装的成品由各组别封箱员全部送至成品待检区，待品管检验合格后，由成品入库人员办理入库手续，并登记在入库单上。

3.4 生产设备管制

3.4.1 日常维护。

设备维护人员对设备进行日常保护并监督，对发生故障的设备进行维护，无法自行维修设备需填写"设备维修联络单"，由设备部联系专业维修并跟踪效果。

3.4.2 日常保护。

生产线固定设备由生产线组长指定人员保护，并记录"设备日常保养点检卡"。

3.5 品质管制

3.5.1 自主检查与首箱检验。

操作人员在组装时应对组装的每件物料都进行全面检查，首箱检验合格后，当线组长应填写"首箱检验记录表"方可正常生产，以确保制程品质良好。

3.5.2 成品包装查检。

外箱箱号编写员需每日对各小组上线前的产品外箱进行检验核对，有异常需及时地更改并如实填写。

3.5.3 品质管制的稽核。

现场主管须随时查核操作人员是否遵守操作标准作业，随时地了解品质状况，出现异常应及时地处理与纠正。

4. 相关表单

生产日报表；

异常处理报告单；

装配出水口试水记录表；

设备维修联络单；

设备日常保养点检点卡；

首箱检验记录表。

拟定		审核		审批	

六、委托制造、外加工管理准则

标准文件		委托制造、外加工管理准则	文件编号	
版次	A/0		页次	

1. 目的

为使本公司外制开发及半成品、成品外协处理有所遵循，特制定本准则。

2. 适用范围

适用于因本公司销售、生产需要，需通过协作厂商完成新产品零配件的试作、量试及认可后的大量外协制造等作业均属此范围。

3. 外协类别

外协依其加工性质的不同区分为：

3.1 成品外协

成品外协是指由本公司提供材料或半成品供协作厂商制成成品，其外协加工后即可交付物量部门当作成品销售或可直接由协作厂商发货。

3.2 半成品外协

半成品外协是指由本公司提供材料、模具或半成品供协作厂商制造，其外协加工后尚需送回本公司再加工方能完成成品。

3.3 材料外协

材料外协是指产品制造所需经过的某段加工过程必需的材料，由于本公司无此种设备（或设备不足），需要外协加工使其能够在公司内使用。

4. 权责部门

4.1 经办部门

外协加工事务由下列部门办理：

项目	申请部门	承办部门	发（收）料部门	检验部门
试作				
量试				
成品外协				
半成品外协				
材料外协				

注：各相关部门由公司自定。

4.2 核决权限。

核决权限如下表：

项目	申请部门核决	核决	
试作			
量试			
成品外协			
半成品外协			
材料外协			

注：申请部门及核决权限由各公司自定。

5. 试作与量试外协管理要求

5.1 厂商调查

5.1.1 为了解外协厂商的动态及产品质量，采购外制人员应随时调查，凡欲与本公司建立外协关系而能符合条件者应填具"协作厂商调查表"以建立征信资料，作为日后选择协作厂商的参考。

5.1.2 采购外制人员应依据"协作厂商调查表"每半年回访一次以了解厂商的动态，同时依变动情况，更正原有资料内容。

5.1.3 于每批号结束后，采购外制人员应将协作厂商试作、外协的实绩转记于"协作厂商调查表"以供日后选择厂商的参考。

5.2 申请

5.2.1 试作。

采购外制人员依据产品设计人员所填制的"开发通报书""开发进度表""新开发零件部门进度追踪报告""零件表"及图详细审核归划外制的零配件等资料是否齐全、清晰，并按进度要求分别开立"外协加工申请单"，呈总经理核准后，送到各相关部门。

5.2.2 量试。

（1）采购外制人员于第一批小量试作品完成并送交工程设计人员经确认正常后（如需修改，则再通知外协厂商重新送样，直到正常为止），即进行第二阶段的试量，申请手续同上。

（2）在试作过程中，产品设计人员为求产品增加美观与功能必须增减或修改某些零配件时，应统一由产品设计人员重新绘制零配件成品图，并重新开发模具的，应由协作厂商提供损失费用。

5.3 询价

5.3.1 采购外制人员提出"外协加工申请单"前，应依需要日期及协作厂商资料进行询价，询价对象最好在3家以上，并需提供估价单，其内容有模具与零件的材料、人工、税金、利润等资料，每家都需填写"外包零件模具估价表"及"估价分析表"。

5.3.2 经办人员审核估价明细表后以议价、比价方式（以确保质量交货期为前提）将询价记录填写于"外协加工申请单"内呈主管核准后，外制人员需将承制厂商、外协工资及约定交货期转记于"外协加工控制表"用以控制外协品的交货期。

5.3.3 为配合工程设计部门的要求或制造部门的紧急需求，采购外制人员需参考以往类似品的外协价格，指定信用可靠的厂商先行加工作业，但应事后补交"外协申请单"及签订合同的手续。

5.4 外协内容与厂商变更

5.4.1 外协询价经核准后，如需变更外协内容或承制厂商时，承办部门应开立"外协内容变更申请表"，注明变更的原因及更改的厂商呈主管核准，并送至各相关部门。

5.4.2 变更内容应转记于"外协加工控制表"上以作跟进管理。

5.5 签订合同

5.5.1 询价完成后，采购外制人员应于外协零配件交运前与协作厂商签订"外制品制作进度追踪表"，同时送协作厂商据此进度作业，同时订立"模具开发及制品委托制作契约书"。

5.5.2 "模具开发及制品委托制作契约书"由协作厂商确认后，送呈科长、总经理核准后，送至各相关部门。

5.5.3 协作厂商履行合同情况如有异常致使本公司遭受损失时，采购外制人员应立即依约追偿，并呈报主管，损失金额超过××元以上时，应转呈总经理核示。

5.6 质量检查

5.6.1 检查依据。

协作厂商依据采购外制人员所提供的正式工程图或样品，先行以"检查记录表"检查通过后，连同零配件一并送交物料管理部门及外制人员登记，并转交产品设计人员检验。

5.6.2 试样检查。

工程产品设计人员接到采购外制人员转来的样品后，应依原工程图的要求检查其规格与物性，其处理方式如下：

（1）检验合格：经检验合格的即填写"检查记录表"连同试样送交采购外制人员转记于"外协加工控制表"结案，并将零配件连同"检查记录表"送物料管理部门办理入库收料，待通知试装。

（2）检验不合格：经检验不合格的零配件，应由产品设计人员于"检查记录表"内注明不合格的原因，送回采购外制人员转记于"外协进度表"内，继续追踪协作厂商如期（或延期）完成。

（3）如于检验过程中发生设计变更等事项，设计人员仍应通过采购外制人员向协作厂联系要求变更事宜。

5.7 付款

5.7.1
外协加工零配件经检验合格由物料管理部门办理入库后，采购外制人员应将"外协申请单"和"收料单"核对无误后，转财务部门审查凭以付款。

5.7.2
若需由本公司支付模具费用者，除前述的付款凭证外，另由协作厂商提供模具、机具的照片粘贴于"模具履历表"内连同发票一并送交本公司整理，并建卡列入资产管理。

5.7.3
采购外制人员每6个月整理1次各协作厂商到期应付未付的试作、量试、模具费用于"外制零配件逾期支付费用明细表"内，找出原因和对策后呈报主管审核，一份自存，凭以追踪，一份送会计部门备查。

5.8 模具管理

5.8.1 建档。

按照固定资产管理办法，凡经本公司支付模具费的任何模具均应按其编号别（按固定资产编号说明书原则编定）列账管理，做到一模一张"固定资产登记卡"。

5.8.2 异动。

（1）配合外协零配件质量与交货期等因素的变动，必须将模具由原协作厂异动到其他（或新开发）的协作厂或使用结案需移回本公司保管时，应按出入厂管理办法填写"物品出入厂凭单"并注明异动原因，呈报主管核准后送至各相关部门。

（2）凡异动后的资料均应详细记录在"固定资产登记卡"内，若因产品停止生产、制程变更、设备更新等原因而闲置时，采购外制人员应以"闲置固定资产处理表"一式三联，提报模具闲置原因及研拟处理对策后，会同业务部门呈报总经理核准并送至各相关部门。

5.9 协作厂商绩效评核

5.9.1 为使协作厂商适时交运优良质量的零配件给予本公司生产使用，采购外制人员应每月整理"外作品新开发评分表"，区分为A、B、C品种等级，呈报主管核准后，质量交货A级者，其货款以现金转账方式支付以示奖励；B级者货款以1个月票期支付；C级者以2个月票期支付（含新开发的协作商厂）；D级者以3个月票期支付，且列入D级的协作厂商连续超过3次者，应予以淘汰重新寻找新协作厂商代替。

5.9.2 采购外制人员为便于外协加工申请作业，应于每月底将各协作厂所交的项目规格、材质、加工条件、价格等记录于"外制零配件交运动态表"，依据种别分类归档，以便查询。

6. 量试外协

6.1 生产资料通知

经量试的样品，经工程设计人员认可后，由采购外制人员主动联系生产部人员领取相关资料（产品零件表、零件图、组合图、标准规格及用料清单、零件部品的流程图及说明书、制程能力分析、产能设定资料、样品及各项操作、质量的基准等），若因业务需要，可由采购外制人员继续量产的应立即由采购外制人员主动召集此项检查会，提出量试期间发生的各项修正与变化，详细列入会议记录。

6.2 量产订购、询价、收料、付款作业

6.2.1 采购外制人员接到生产通知后，即按交货期间适当安排各项外制零配件的交货进度，如价格与对象不变，不必再填"外协申请单"，而直接填写订购单，单价栏注明系外协单价按正常采购方式作业。

6.2.2 由本公司提供原物料者，由生产部门提出申请核准后，填写"外协出厂单"连同原料、半成品随车交运，"外协出厂单"送至各相关部门，待加工完成并检验合格后，由物料管理单位填写"外协收料单"送至各相关部门。

| 拟定 | | 审核 | | 审批 | |

七、生产部车间管理制度

标准文件		生产部车间管理制度	文件编号	
版次	A/0		页次	

1. 目的

为规范生产车间的管理工作，使生产工作有序进行，特制定本制度。

2. 适用范围

适用于本公司各生产车间的管理。

3. 早会制度

3.1 每天组长集合点名，没有到岗的人员名单要通知人力资源部，按公司考勤制度处理。

3.2 生产主管每周2次集合全体员工开早会，组长每天集合本组员工开早会。

3.3 早会内容包括：安排当日应完成的工作任务，通报近期需要注意的工艺细节与注意事项等。

3.4 每天早会控制在10分钟左右，特别要强调事项可延长，但应控制在30分钟内。

4. 工作纪律

4.1 员工应无条件接受上级安排和工作调动，不得以任何理由顶撞上级。

4.2 同事之间不得争吵，争吵双方将同时追究责任，情节严重者，直接开除。

4.3 任何时间均不得在车间大声喧哗，如有工作问题需沟通，应尽量小声，以免打扰其他同事工作。

4.4 所有生产员工（特殊指定工序因工作需要除外），不得留长指甲，组长和主管要不定时检查。

4.5 上班时间手机一律调成振动或关机，并禁止拨打或接听电话，禁止玩手机。

4.6 任何时候均禁止员工使用公司电话拨打私人电话。

4.7 任何时候均禁止使用公司电脑上网玩游戏。

4.8 工作时间禁止从事与工作无关的事情，禁止工作时间串岗聊天，谈论与工作无关的事情。

4.9 严格遵守工艺纪律，按照工艺文件操作，不得顶撞巡检及工程管理人员。

4.10 带红色受控印章文件不得随意复印，保管人须注意受控文件的保管，严禁受控文件带出车间。

4.11 不得浪费物料与辅料，必须按规定使用物料与辅料，多余的物料应及时退还给物料员。

4.12 未经授权，任何人不得无故接触使用易燃易爆易腐蚀的化学试剂或化学物品。

4.13 未经授权，任何人不得无故搬动其他工位的生产设备或产品。

4.14 车间内不得使用方言，一律使用普通话交流。

4.15 爱惜公共财物，节约用水用电。

5. 环境保持

5.1 车间每天打扫卫生 2 次，每周六大扫除一次（包括各工具柜顶部、电脑外表等）。

5.2 严禁在车间内部进食（包括茶水饮料等）。

5.3 保持工作台面整洁整齐，禁止在工作台面、墙壁、生产设备、公共财物表面乱涂乱画，及时清理不用的工具和垃圾，保持环境的整洁一致。

5.4 每天上班前和下班前需将自己的工位及设备清洁干净，做好规定的日常设备保养，填写相应的设备日保养卡。

5.5 工作时间不得倚靠座椅，更不能把衣物挂在座椅背后，工作中应保持座椅在同一条直线上，下班后将座椅推到桌子里面。

5.6 上班时间工牌必须佩戴于胸前。

5.7 进入超净车间要统一把头发卷到无尘帽内。

6. 违反规定的处罚

以上规定一月内违反 1 次生产内部开会点名批评，违反 2 次公司通报批评，违反 3 次直接罚款 ×× 元，违反 4 次开除。如情节严重者，一次就开除。

拟定		审核		审批	

八、生产进度控制办法

标准文件		生产进度控制办法	文件编号	
版次	A/0		页次	

1. 目的

为把握生产进度，使生产计划得以顺利执行，公司生产目标如期达成，特制定本办法。

2. 适用范围

生管部对制造部执行生产计划进度的监督、支援、协助，制造部对执行生产计划进度的自我控制，均适用本办法。

3. 生管部作业规定

3.1 物料进度控制

3.1.1 根据月生产计划及客户订单预估，编制物料需求计划，提出请购。

3.1.2 根据常用物料库存状况，确定订购日期、数量及交货时间。

3.1.3 根据周生产计划确认具体的物料入库时间，协调采购部作业，并对可能缺料的订单物料进行重点管理。

3.1.4 根据每日生产进度安排确认次日缺料状况，进行缺料追踪。

3.1.5 处理因物料供应脱节而产生的事宜。

3.1.6 处理因进度落后或提前而产生的物料供应事宜。

3.1.7 处理因生产计划变更而产生的物料问题。

3.1.8 处理因订单变更而导致的物料问题。

3.2 生产进度控制

3.2.1 编制月生产计划，进行产能负荷分析，安排每日工作记录。

3.2.2 编制周生产计划、安排每日生产进度。

3.2.3 收集、汇总、统计、分析每日、每周的异常工时。

3.2.4 收集、汇总、统计生产日报表，进行生产效率分析。

3.2.5 根据生产进度的异常，适时进行安排调整，以满足交期。

3.2.6 根据市场需求（客户）的变化，进行生产计划调整变更。

3.2.7 根据生产条件（技术、品质、物料、工艺等）的变化，进行生产计划调整变更。

3.2.8 追踪影响生产进度的责任部门，督促其研拟对策加以改善。

3.2.9 制作生产推移图控制生产进度。

3.2.10 适时召开生产协调会或临时会议分析生产进度。

3.2.11 其他与生产进度相关的事宜处理。

4. 制造部作业规定

4.1 生产任务安排

4.1.1 根据周生产计划与每日生产进度安排，确定每日生产任务。

4.1.2 根据各班组人力、设备状况，安排每日生产任务，分配至各责任人员、设备。

4.1.3 制作生产进度看板，适时统计生产任务完成情况,分析原因,适度控制。

4.1.4 追踪物料供应状况，保证物料顺畅。

4.2 异常状况排除

生产异常状况包括生产计划异常、物料异常、设备异常、制程品质异常、设计工艺异常、水电异常等。

4.2.1 生产计划异常处理。

（1）根据计划调整，迅速合理地安排工作，保证生产效率，使总产量保持不变。

（2）安排因计划调整而遗留的成品、半成品、原物料做盘点、入库、清退等处理工作。

（3）安排因计划调整的员工做前加工或原产品生产等工作。

（4）安排人力做计划更换的物料、设备等准备工作。

（5）利用计划调整时间对员工进行必要的教育训练。

（6）其他有利于效率提高或减少损失的做法。

4.2.2 物料异常处理。

（1）接到生产计划后，应即确认物料状况，查验有无短缺。

（2）随时掌控各种物料的资讯，反馈给相关部门以避免异常发生。

（3）物料即将告缺前 30 分钟，用警示灯、电话或其他方式将物料信息反馈给采购、生管部门。

（4）物料告缺前 10 分钟确认物料何时可以续上。

（5）如属短暂断料，可安排员工做前加工、整理整顿或其他零星工作。

（6）如断料时间较长，应与生管部协调，安排生产其他产品。

4.2.3 设备异常处理。

（1）日常做好设备保养工作，避免设备异常发生。

（2）发生设备异常时，操作员应立即通知生技部门协助排除。

（3）安排员工做整理整顿或前加工工作。

（4）如设备故障不易排除，需较长时间，应与生管部门协调另作安排。

4.2.4 制程品质异常处理。

（1）对以前有品质不良记录的产品，应在产前做好重点管理。

（2）异常发生时，迅速用警示灯、电话或其他方式通知品管部及相关部门。

（3）协助品管部、责任部门一起研拟对策。

（4）配合临时对策的实施，以确保生产任务的达成。

（5）对策实施前，可安排员工做前加工或整理整顿工作。

（6）异常确属暂时无法排除时，应与生管部门协调另作安排。

4.2.5 设计工艺异常处理。

（1）通知品管部、生技部或开发部。

（2）处理方式同制程品质异常的处理方式。

4.2.6 水电异常处理。

（1）采取降低损失的措施。

（2）通知生技部门加以处理。

（3）人员可作其他工作安排。

4.2.7 其他异常处理。

比照上述做法进行。

4.2.8 生产效率管制。

（1）评估工艺流程、作业标准的可靠性。

（2）严格工艺流程、作业标准的执行。

（3）检视生产中的劳动纪律、动作规范和其他事宜，确保生产顺畅。

（4）填制、分析生产日报表，进行效率分析。

（5）针对效率低下的原因进行分析，并采取有效对策。

拟定		审核		审批	

九、生产事故责任追查规定

标准文件		生产事故责任追查规定	文件编号	
版次	A/0		页次	

1. 目的

为明确在出现生产事故时的责任追查原则，减少生产事故的发生，特制定本规定。

2. 适用范围

适用于本公司生产事故责任追查的管理。

3. 权责部门

事故的追查由生产部经理带头，协同相关部门经理一起进行调查和损失判断。

4. 生产事故种类

产品做错、做坏、做多、做少（漏做）、计划符合率过低、投料量过大、设备损坏等。

5. 生产事故性质的分类与处罚规定

生产事故按造成损失的不同程度划分为：重大生产事故；一般生产事故；轻微生产事故。

5.1 重大生产事故：造成直接经济损失或造成的多余库存大于××元的，对责任管理人员通报批评并罚款××～××元，责任生产人员通报批评，罚款减半。

5.2 一般生产事故：造成直接经济损失大于××元但不足××元的，对责任管理人员通报批评并罚款××～××元，责任生产人员通报批评，罚款减半。

5.3 轻微生产事故：造成直接经济损失小于××元的，对责任管理人员或责任生产人员通报批评并罚款××～××元。

6. 经济损失算法

6.1 产品：以原材料成本和人工成本进行核算，由计划物控部核算。

6.2 设备：以设备的采购价减去设备的折旧进行计算，由财务部核算。

6.3 计划完成情况：对生产部整体形象的影响程度，由生产部确定。

7. 生产事故的详细说明

7.1 批量做错。产品未按照计划要求执行而批量做错，分两种情况：

7.1.1 因"作业计划单"出错导致计划做错。

（1）产品可以挽救（未造成物料损失）或转其他计划，将追究"作业计划单"的编制人员与审核人员（含工程师）的责任，可给予红色罚单或通报批评。

（2）产品无法挽救需要重做时，将追究"作业计划单"的编制人员与审核人员（含工程师）的责任，按照生产事故性质的分类与处罚规定执行。

7.1.2 "作业计划单"未出错，而是操作者未按照作业单要求操作导致计划做错。

（1）产品可以挽救或转其他计划，没有造成进一步的损失时，将追究操作者的责任，可给予红色罚单或通报批评。

（2）产品无法挽救、造成损失并需要重做时，将追究操作者的责任，按照生产事故性质的分类与处罚规定对直接责任员工进行处罚；同时对轻微生产事故带班组长或主管助理给予红色罚单；对一般生产事故带班组长或主管助理给予通报批评；对重大生产事故带班组长或主管助理给予通报批评并罚款××元，相关主管或经理承担失职责任，给予通报批评并罚款××～××元。

7.2 产品做坏：操作者不小心失误跌落产品、扯断产品、批量纤损、产品烤糊等（数量超出5PCS），将追究操作者的责任，可给予红色罚单或通报批评，损坏情况严重的，按照生产事故性质的分类与处罚规定执行。

7.3 产品计划符合率低。

7.3.1 对于单个计划的符合率：因内控指标过松、封装产品外观失控等异常因素造成产品计划符合率过低，且批量在50PCS以上，比同类产品计划符合率低于××%，将追究相应的责任工程师或操作者的责任，给予责任人通报批评并处罚××～××元。

7.3.2 对于每月整体计划的符合率：月度计划项数的计划符合率低于规定比率，且超出10%以上时，将给予生产经理通报批评并处罚××～××元（50PCS以下的计划除外）。

7.3 产品做多：计划投料多导致计划超过率失控，产品计划超过率超出规定的 20%（特殊指标的计划、50PCS 以下的计划除外），造成不必要的产品库存，将追究生产主管的责任，按照生产事故性质的分类与处罚规定执行。

7.4 产品漏做：从计划部开始逐级追查漏发计划的环节，根据情节的严重程度，给予责任人与负责主管通报批评并处罚 ×× ~ ×× 元。

7.5 产品做少：产能不足的原因除外，主要是指因投料不足、生产制程失控等生产内部原因引起的计划交期推迟，没有引起投诉的或轻微投诉的，对相关责任人给予红色罚单或通报批评；引起客户严重投诉的，对相关责任人进行通报批评并处罚 ×× ~ ×× 元。

7.6 设备损坏：员工由于搬运设备或使用不当造成设备损坏，按生产事故性质的分类与处罚规定执行。

7.7 原材料质量问题，分为两种。

7.7.1 因原材料质量问题导致产品少量报废或返工，将追究 IQC 人员的失职，给予红色罚单处罚。

7.7.2 因原材料质量问题导致产品批量报废或返工，将追究 IQC 人员的失职，给予通报批评并视损失情况罚款，同时也要追查监管品质工程师或品质主管的责任，按照生产事故性质的分类与处罚规定执行。

拟定		审核		审批	

第三节　生产管理表格

一、月生产计划表

月生产计划表

制程名称：　　　　　　　　　　　　月份：

序号	制令号	客户	产品	生产批量	1	2	3	4	5	6	7	8	9	10	…	31

核准：　　　　　　　　　　审核：　　　　　　　　　　制表：

二、周生产计划表

周生产计划表

月份：　　　　　　　　　　　　　　　　　　　　　　　　日期：

序号	订单号	工令号	客户名	型号/规格	生产量	计划时程					
合计											

说明：1. 依据月生产计划的执行状况修订。
　　　2. 依据产品所要求的标准时间制定时程。
　　　3. 时程计划栏内注明计划产量。

三、日生产计划表

日生产计划表

部门：　　　　　　　　　　　　　　　　　　　　　　　　日期：

起止时间	产品编号	计划	实绩	差异

四、生产计划变更通知单

生产计划变更通知单

日期：　　　　　　　　　　制单人：

发文部门		收文部门	
变更原因：			

续表

变更影响部门：						变更时间：					
原生产计划排程						变更后生产计划排程					
生产批次	生产指令单号	品名	机种	生产数量	交货日期	生产批次	生产指令单号	品名	机种	生产数量	交货日期
各部门配合事项：											

五、生产排程表

生产排程表

月份：

序号	订单号	接单日期	品名	规格	数量	交货日期	指令单号

审批： 复核： 制表：

六、生产指令单

生产指令单

指令日期：
指令部门：
制造部门：　　　　　　　　　　指令单编号：

制单编号		品名		数量	
客户		原订单编号		交货期	
投产日期		完成日期		实际完成日期	
用料分析					
材料名称					
领用量					
品质检验					

说明：本单一式六联。第一联是备料单，此联交给物料库准备材料；第二联是领料单，用此联向物料库领料；第三联是品检单，产品完成移入下道工序前由品检做检验，合格品盖章（含第四、第五、第六联）；第四联是入库单（或交接单），依此联入库或工序之间交接；第五联是生产管理联，此联于产品入库或交接后通知生产管理人员，作为进度完成依据；第六联是制造命令单，此联由制造部门存档。

七、生产滞后原因分析表

生产滞后原因分析表

时间（月或旬）	生产批数	落后批数	落后原因								
^	^	^	待料	订单更改	效率低	人力不足	设备故障	放假	安排不当	其他
改善措施											

八、生产返工表

生产返工表

本厂编号		型号		批号	
返工数量		原流程卡编号		要求完成日期	

返工流程：
流程编写人：　　　　　　审核人：　　　　　　日期：

序号	工序名称	注意事项	返工数量	返工部门	QC盖章	接收数量	接收部门

备注：

九、班次产量统计及交接表

班次产量统计及交接表

日期：

工段或工序		产品名称		产品编号	

班别	前班移交		本班产量		本班移交		交接签章		
	成品	半成品	成品	半成品	成品	半成品	交	接	质量说明
早班									
中班									
晚班									
早班									
中班									
晚班									
早班									
中班									
晚班									
说明事项									

复核：　　　　　　　　　　　　统计人员：

十、车间流水线班长日常职责确认表

车间流水线班长日常职责确认表

期间：_____~_____

序号	日常确认项目	日常确认记录					
		周一	周二	周三	周四	周五	周六
1	提前10分钟到岗，开车间门；换工作服、鞋，佩戴胸牌						
2	开晨会5分钟						
3	全线5S 10分钟						
4	安排当日的生产计划						
5	做好生产看板，更换工艺图、工艺卡片						
6	检查各工作区域，认真按《5S日常清扫点检项目要求》对生产线进行现场管理，对不达标的，给予提出，直到达到点检要求						
7	每天认真执行"员工个人5S考核"，并做好记录上交车间主任						
8	保障生产作业时物流有序，堆放整齐，场地整洁，文明生产						
9	对每个工位进行5S日常点检，并填写"5S清扫区域责任表"						
10	及时处理生产中出现的质量问题，做好质量记录，要求生产线人员按图纸、工艺、标准进行生产						
11	检查当天生产任务完成情况，及时地更新生产看板上的产品型号、数量，无过期数据						
12	对生产线投入零件要做好台账，账本要清楚易懂，所有零件都要与有关人员当日核对，积极配合车间统计及其他人员工作						
13	对工位牌、物品摆放是否压线、状态标识是否明确进行不定时检查						
14	确保平行光管清洁、完好，零件辅料满足"三定""三要素"原则，良品与不良品分开摆放并有明确标识						
15	良品与不良品区分摆放于指定区域，不与地面直接接触						
16	工具箱存放定位标识，运用形迹管理，满足"三定""三要素"原则，各类工具杂物归类摆放						
17	工作凳椅应保持整洁，工作、非工作状态都应按规定位置摆放						
18	无呆坐、打瞌睡、串岗、离岗、无闲谈、吃零食、大声喧哗，不看与工作无关的书籍杂志，保持良好的工作风貌						
19	热水器、水杯摆放整齐，保持干净，水杯不得放在工作台上						
20	私人物品不得在线上摆放						
21	公告栏经常更换，无过期公告						
22	流水线上暂放的成品应有明确标识，状态、数量清楚明了						

续表

序号	日常确认项目	日常确认记录					
		周一	周二	周三	周四	周五	周六
23	清楚填写产品入库单，当日产品当日入库						
24	若有异常情况发生及时汇报车间主任，以便问题得到及时处理						
25	检查当日值日情况						
26	每天下班前检查门窗、电、水是否关好，个人的物品是否归位						
班长签字确认							
车间主任审核							

十一、班前会制度检查记录表

班前会制度检查记录表

抽查日期	部门区域	班前会举行情况	礼貌用语宣读情况	检查人	备注

十二、人员去向显示板

人员去向显示板

姓名	去向	离开时间	联络电话	预定返回时间	备注

注：①离开岗位人员填写；②返回后擦掉。

十三、各部门（班组）问题点改善表

各部门（班组）问题点改善表

	发动机厂	冲压	焊装	涂装	总装	底盘	……
上周问题点（个）							
整改个数							
整改率（%）							
考核评分							
本周问题点（个数）							

十四、人员配置管理板

人员配置管理板

×月×日（周）×××组人员配置管理板				
设备名	人数	今日计划数	历史最高人均产量	备注
1#机（　）				
2#机（　）				
3#机（　）				
4#机（　）				

十五、刀具交换管理板

刀具交换管理板

刀具交换管理板				
（线名设备名）责任人：				
工具名	规格	下次预定交换时间	前次交换时间	备注

十六、生产事前检查表

生产事前检查表

生产批号		产品名称		数量		页次	
检查项目	数量	工作负责人	预计完成日	检查记录		完成记录	
材料供应采购期较长							
设备配合模具工具							
技术问题							

十七、生产进度追踪表

生产进度追踪表

序号	订单号	客户	型号	订单数	计划生产数	指定完工日期	实际生产					
							日期	生产数	累计	日期	生产数	累计

说明：1. 依生产计划的进度进行控制。
　　　2. 进度落后可用颜色管理。

十八、计划型生产进度控制表

计划型生产进度控制表

月份：

品名	制单号	摘要 \ 日期	1	2	3	4	5	6	7	8	9	10	11	12	13	14	15	16
		计划生产数量																
		实际生产数量																
		累计生产差异数																
		摘要 \ 日期	17	18	19	20	21	22	23	24	25	26	27	28	29	30	31	
		计划生产数量																
		实际生产数量																
		累计生产差异数																

批准／日期：　　　　　　　审核／日期：　　　　　　　制表：

十九、日生产计划控制看板

日生产计划控制看板

时间	机种	计划产量	实绩产量	备注
08：00－10：00				
10：00－12：00				
13：00－15：00				
15：00－17：00				
17：00－19：00				
19：00－21：00				

说明：1. 每日生产计划。
　　　2. 置于机台前或生产线前。
　　　3. 每一时段记录实绩产量。
　　　4. 实绩产量记录可结合颜色管理。

第五章

仓 储 管 理

第一节　物料仓储管理要点

一、物料仓储在供应链管理中的意义

物料管理（Materials Management）是企业活动中一项基本而不可或缺的活动。由于物料管理处于极为基础的地位，因而其重要性往往被绝大多数的企业管理者所忽视。实际上，按照科学管理的原则对物料进行整体计划、协调和控制，能够为企业节约成本，获取最大的销售利润和经济效益。

1. 物料仓储是供应链中不可缺少的重要环节

从供应链角度来看，物流过程由一系列的"供给"和"需求"所组成，在供需之间既存在物的"流动"，也存在物的"静止"，这种"静止"是为了更好地使前后两个流动过程紧密衔接。如果缺少必要的"静止"，则会影响物的有效流动。物料仓储管理环节正是起到物流中的有效"静止"的作用。

2. 物料仓储能够保证进入下一环节前的质量

在整个供应链中，通过仓储环节，对进入下一环节前的物料进行检验，可以防止伪劣物品进入下一道工序或混入市场。因此，为保证物料的质量，要把好仓储管理这一关，以保证物料不变质、受损、短缺和有效的使用价值。通过仓储来保证物料的质量主要体现在两个环节：物料入库检验和物料储存期间的保质。

3. 物料仓储是加快流通、节约流通费用的重要手段

物料在库场内的滞留，表面上是供应链内流通的停止，实际上恰恰在起着促进流通畅通的重要作用。仓储管理的发展，在调配余缺、减少生产和销售部门的库存积压，在总量上减少地区内货物的存储量等方面都有积极的作用。此外，在很多发达国家中，将物流领域的成本降低看作是"第三利润源泉"，仓储管理成本的降低正是节约整个流通成本的重要手段。

二、物料仓储管理方法

物料仓储管理属于企业管理的一个重要组成部分，是保证企业生产过程顺利进行的必要条件，是提高企业经济效益的重要途径。企业应从以下几方面做好仓储管理理工作。

1. 建立健全仓库质量保证体系

仓库质量管理就是全面质量管理的理论和方法在仓库技术经济作业活动中的具体运用，是提高企业经济效果的必要途径。全面质量管理倡导将管理的触角深入到各个作业环节，并不厚此薄彼，企业管理者能通过其所提供的方法，发现影响仓库管理的薄弱环节，以便采取改进措施，这对降低供应成本，提高企业经济效益具有重要意义。企业管理者在质量保证体系运行过程中应牢固树立"质量第一"的思想，以达到供应好、消费低、效益高的要求。

2. 加强仓储管理各个基本环节

仓储活动虽服务于生产，但又与生产活动不同，有它独特的劳动对象和方式。在仓储活动过程中，物资验收、入库、出库等一些基本环节，是仓储业务活动的主要内容，这些基本环节工作质量的好坏直接关系到整个仓储工作能否顺利进行，更直接影响整个仓储工作质量的好坏。因此，企业管理者应加强各个基本环节的管理，这是搞好仓储工作的前提。

3. 物资保管、保养是仓储管理的中心内容

物资在入库验收时进行严格的检查后，就进入了储存阶段，因此物资入库后必须实行"四号定位""五五摆放"，标识清楚，合理堆放，企业管理者要做好"三化""五防""5S"等工作，以上工作都是使物资在储存中不受损失的必要措施，但是因物资本身性质、自然条件的影响或人为的原因，易造成物资数量的损失。在这种管理模式下物资损耗有可以避免的，也有难以完全避免的，一般将难以完全避免的称为自然损耗。因此要求从事储存的工作人员能够掌握和运用所储存货物的性质及受到各种自然因素影响而发生的质量变化规律，企业管理者从根本上采取"预防为主，防治结合"的方针，做到早防早治，最大限度地避免和减少货物损失。

第二节 物料仓储管理制度

一、仓储规划及管理流程规范

标准文件		仓储规划及管理流程规范	文件编号	
版次	A/0		页次	
1. 目的 为加强对仓储货品的摆放、收发、结存等活动的有效控制，保证仓储货品完				

好无损，使物料的运输符合标准，能够给物控部门提供准确的物料信息，更好地服务生产和控制生产成本，特制定本规范。

2. 适用范围

适用于所有与产品有关的原材料、半成品、成品、辅助材料的仓储管理。

3. 定义

3.1 原材料：指各种进口或内购的基本材料。

3.2 半成品：指尚未完成最后一道工序的制品等。

3.3 成品：指已完成最后工序的等待出货的产品（合格品）。

3.4 辅助材料：指用于生产、包装方面的材料及工具、五金配件、文具、油类等。

4. 职责与权限

4.1 各仓库管理员

负责维持仓库作业正常有序进行。

4.1.1 按规定程序管理物料入、出库。

4.1.2 按照先进先出、定点定位的原则管理物料。

4.1.3 做好进销存账，保证账、卡、物三者相符，建立有效的信息反馈机制，确保提供与反馈的信息的准确性。

4.1.4 按照正确的方法运输物料、储存物料、摆放物料、标识物料、确保物料的安全。

4.1.5 做好防潮、防腐、防爆工作，危险品要隔离存放。

4.2 仓库组长

负责督导仓库工作，并稽核、评估本部门工作绩效。

5. 管理流程

5.1 收料

供应商送货到仓库，仓管员必须将供应商的送货单与货物相对照，清点是否单物相符，同时通知验货人员到场第一时间验货，验货及清点完毕后，看对方送货单是否签名齐全后办理进仓手续。办完进仓手续后，仓管员将进仓单附于送货单后面送交财务部。

收料流程如下图所示：

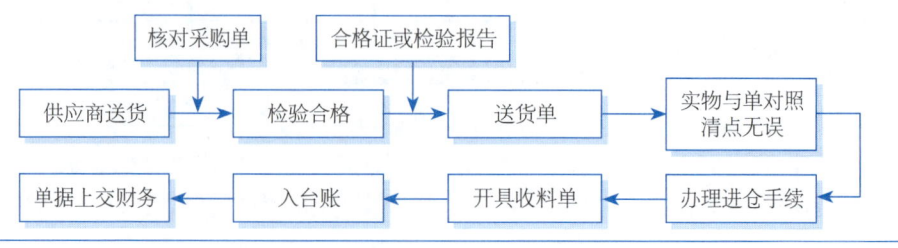

```
              核对采购单        合格证或检验报告
                 ↓                  ↓
供应商送货  →  检验合格   →   送货单   →   实物与单对照
                                              清点无误
                                                ↓
单据上交财务  ←  入台账   ←   开具收料单   ←  办理进仓手续
```

5.2 发料

发料必须遵循"先进先出"的原则；生产车间用料领料须按生产工单开具所需物料的领料单，并注明生产单号。领料单由所需物料所属组别的负责人开具，交车间主管核准签字。仓管员凭领料单按"先进先出"的原则对照物料清单给予发放。物料发完后，领料员和仓管员必须双方签字确认确保账物相实。

发料流程如下图所示：

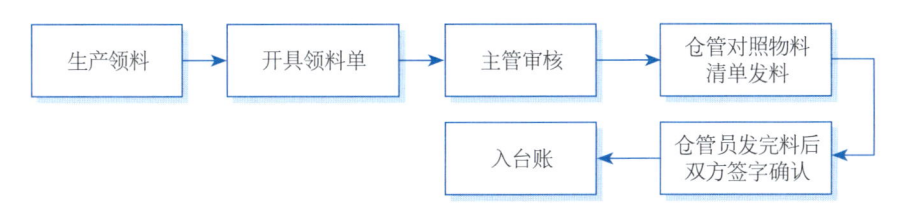

生产领料 → 开具领料单 → 主管审核 → 仓管对照物料清单发料 → 仓管员发完料后双方签字确认 → 入台账

5.2.1 补料

补料适用于因生产部门退料或因操作或设备发生异常状况而发生缺料的情况，由生产组长开具异常单，车间主管核实签字，以领料模式进行补料。

5.3 成品

生产车间完成成品生产，由包装组组长开具四联成品进仓单，交由质检检验合格后进仓，仓管员清点清楚。发货由销售人员发出发货通知单，仓管开具成品出仓单由经手人签字后装车发货，最后入台账。

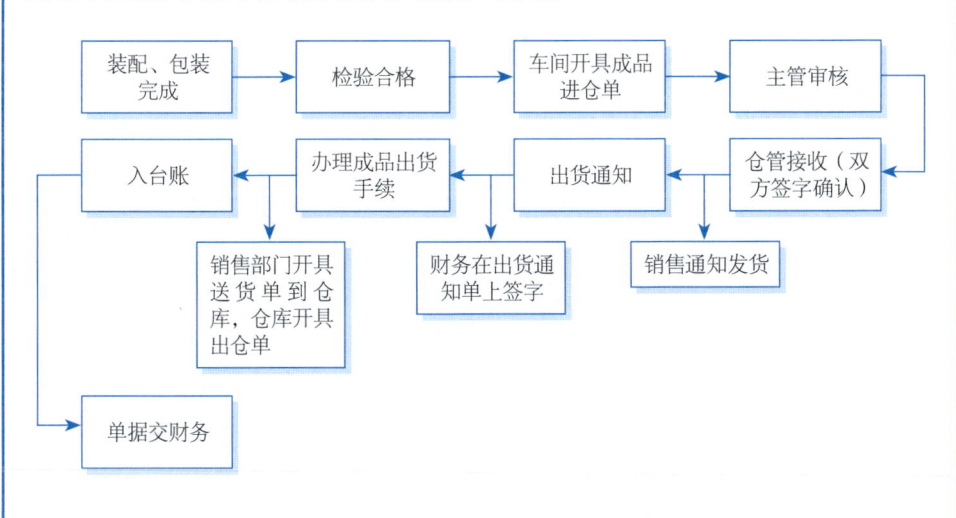

装配、包装完成 → 检验合格 → 车间开具成品进仓单 → 主管审核 → 仓管接收（双方签字确认）→ 销售通知发货 → 出货通知 → 办理成品出货手续 → 入台账

销售部门开具送货单到仓库，仓库开具出仓单

财务在出货通知单上签字

单据交财务

5.4 管理

5.4.1 仓库现场管理。

以 7S（整理、整顿、清扫、清洁、素养、安全和节约）为标准。仓库可分为原材料仓库（原材料、辅料、五金以及工具）和半成品仓（自造、外购以及外发加工的半成品）。对仓库进行定时盘点清理，物料按分类摆放，务必做到相对集中（如螺丝类可摆放于一排货架上）。

5.4.2 仓库账单管理。

无论是进仓单还是出仓单都必须签名齐全三合一，即领料单有领料人、发料人、核准人签字，进仓单有经手人、收料人、验收人签字方可。将每张有效单据编上自编号，按号按日期入台账，流水账原则上日账日清。

5.4.3 异常情况处理。

（1）发外加工，属仓库对半成品管理，由发外加工负责人按领料手续办理出仓，按供应商送货手续办理进仓，由仓管员登入台账。

（2）自造常规半成品，属仓库对半成品管理，按生产领料手续办理出仓，按供应商送货手续办理进仓，由仓管员记入台账。

（3）物料差数情况处理。如生产单的物料清单准确无误，生产车间仍然缺料短料，公司本着谁签名谁负责的原则，对当事人作出处理。经查实若是生产车间自行出现的差数、缺料，则由生产车间按生产领料手续补领，最后交由厂长悉知，并按公司相关制度作出相应处理或处罚。

（4）领料或发料时拒绝一切补办手续或漏办手续的行为，对所有违反者仓管员有权拒发。

5.5 退料

5.5.1 生产车间剩余合格物料的退料。由组长开具领料单负数（注明退料），经质检确认车间主管审核后退回仓库，仓库办理进仓手续（在领料单上签字确认即可）。

5.5.2 生产车间不合格物料的退料（即可退回供应商的物料）。

（1）由仓库直接退回供应商。仓库开具进仓单负数（注明退货）或出仓单，保证物与单相符，由质检签字后，与供应商当面点清并由其签字确认后退料。

（2）生产已领的不合格物料。由车间组长开具进仓单负数（注明退货），质检确认，车间主管审核后退回仓库。然后由仓库开具进仓单负数（注明退货）或出仓单，保证物与单相符，由质检签字后，与供应商当面点清并由其签字确认后退料。

（3）退料指生产车间退还领多的物料或剩余的正品物料，至于生产所产生的边角料废料、生产所造成的次品或废料不应该作退仓处理，而应该由生产车间统计后列出清单申请报废后直接处理，最后计提入生产成本中。

（4）退料流程如下图所示：

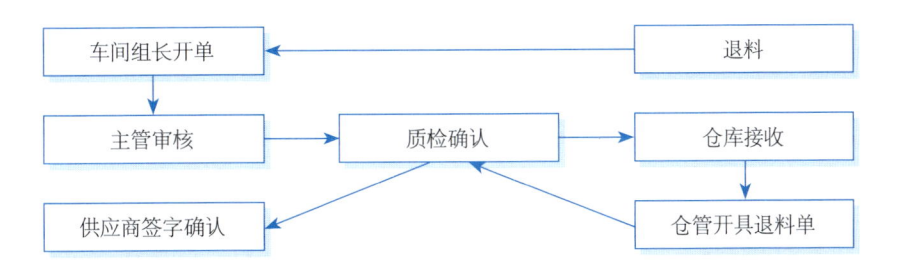

```
车间组长开单  ←──────────────  退料
     ↓                           ↓
  主管审核  →  质检确认  →  仓库接收
                ↑                ↓
供应商签字确认 ──┘         仓管开具退料单
                    ←────────────
```

5.6 仓库单据管理

5.6.1 所有生产领料需用三联领料单；领料单分存根联、财务联以及仓库存根联；所有领料必须拿齐三联单、签名必须齐全，仓库方可发料。存根联由领料方留作存根，红色联上交财务，绿色联留作仓库进账凭证以及存根。所有车间退料一律是领料单开负数。

5.6.2 所有来料进仓一律用四联收料单，进仓单分存根联、财务联、供方联以及绿色仓库存根联。所有进仓单必须签名齐全方可分配，红色联附于送货单上交财务，绿色联为仓库存根以及进账凭证。所有对供应商的退货一律是进仓单开负数。所有进仓单均需填写供应商名称。

5.6.3 所有成品进仓须用四联进仓单，进仓单分存根联、财务联、销售联以及绿色联，所有成品进仓单需有车间进仓人、质检以及仓库签字方可。存根联由进仓方保存，红色联上交财务，销售联上交销售，绿色联为仓库存根以及进账凭证。所有成品退货一律是进仓单开负数，所有成品出货一律用四联出仓单。

5.6.4 所有发外加工的物料出仓均需开具三联送货单，凭送货单发外出仓以及入账进仓跟供应商来料一致。

5.7 盘点

原则上仓库每月需对库存进行一次实物盘点，视情况对账物卡进行一次调整。仓库只对仓库库存物品进行盘点，最后做出盘点报表。车间盘点由车间统计或车间主管自主安排，仓库有权对其物料消耗情况进行核对。

5.8 仓库对特殊物品的管理

5.8.1 仓库对易燃、易爆物品的管理。

（略）。

5.8.2 仓库对易碎品的管理。

（略）。

5.8.3 仓库对低值易耗品的管理。

低值易耗品在生产耗用范围内要求以旧换新，也可以制定出每月的用量或每周的用量，生产车间一次性以旧换新领用一定时期内的低值易耗品，仓库在此期间内不再发放。

5.8.4 仓库对呆滞物品的管理。

呆滞物品是库存的一种，属于不常用但又是合格的材料。仓库须视库存时间的长短对其进行分类，做好统计并定期做出报表分析，呈上级及财务请求作出处理。

5.8.5 仓库对生产剩余材料和废料的管理。

生产剩余材料分两种，一种为合格品，可再利用的材料，生产部应该按有关手续进行退库作库存处理；另一种为生产废料，不可再利用的材料，此种剩余材料应算入生产损耗与生产成本，由生产部做好统计并做出报表呈上级及财务部门作出处理。

拟定		审核		审批	

二、在库品防护程序

标准文件		在库品防护程序	文件编号	
版次	A/0		页次	

1. 目的

为明确、规范在库品的防护要求，确保货物在库期间品质良好，出、入、存数据准确，特制定本程序。

2. 适用范围

适用于公司内各货仓在库品的防护管理。

3. 职责

3.1 各仓管员负责自己责任范围内货物的摆放，并保证出、入、存数据及账目的准确性。

3.2 各仓班长负责仓库的全面工作，维护、监督、协调货仓之正常运作。

4. 程序说明

4.1 区域管理

4.1.1 在库的合格品、待定品、不合格品必须严格区分，明确标识。

4.1.2 各仓储部门以实际需要将仓储现场划分区域并编号，绘制区域管理图，在库货物都要按区域摆放，当实际摆放货物与区域管理图不符时，需挂牌明示。

4.2 防止损害管理

4.2.1 在库货物必须放在卡板或货架上，货物摆放不可倒置或侧置，摆放方向要使外包装上的标识从外面容易看到。

4.2.2 货物堆放须保证底层货物外包装不会受压变形，单个卡板堆放高度最高不得超过 2.4 米。货物应平均摆放于卡板上，且不可超出卡板或货架致使悬空超过 10 厘米。

4.2.3 货物摆放不能超越本区域的斑马线，且要求区域四面平齐，以免搬运时碰撞。仓管员应经常查看库存物品，发现异常及时处理。

4.2.4 在库货物原则上须放置室内。遇有如下情况时，经货仓负责人批准允许暂时放在室外（必要时需采取防雨措施）：

（1）供货商送货，一时无法全部入仓的。

（2）短时间便要发货或出货的。

（3）外包装具有防水性能，不怕阳光直射。

（4）该类货物的室内区域已经用完，又无法找到临时借用区。

4.2.5 各仓需切实做好防火工作，货物的摆放不得阻碍消防设施。每周由专人负责巡检消防设施，发现消防器材损坏或功能消失须立即更换。

4.3 数据管理

4.3.1 货物在出、入仓时，必须有出、入仓凭证随货同行，凭证记录内容必须同其所代表的现货名称、编号、数量完全相同，收发货双方责任者都要在凭证上签名。所有凭证都要分别编号。

4.3.2 各仓储部门必须设立在库品计算机台账，成品仓、配套仓及胶料仓，除无正式公司编号外的物料均须设置物料卡。台账及物料卡必须根据出入仓凭证如实记录，并做到日清日结。

4.3.3 台账与物料卡必须定期核对，出现数据不符时，如无准确凭据不得随意改动台账或卡上数据，须经货仓组长或领班以上核实后，方可更改。

4.3.4 仓管员变动时必须办理交接手续，对仓存进行盘点，对物料卡、台账进行核对。交接手续必须在原仓管员、新任仓管员、货仓班长、货仓领班同时在场的情况下进行，并完成仓管员交接记录。

4.4 库存管理

4.4.1 为保证生产需要而又避免产生呆滞库存，由 PMC 主管负责在每次年度盘点后，通过货仓台账，做好成品仓、配套仓、危险品仓及胶料仓的仓存超期统计表,交由 PMC 调查原因及给出处理意见，经生产经理签名后及时地作出处理。

4.4.2 根据公司客户及产品特点，仓存超期的判定标准如下：

类别		期限
注塑成品及半成品	国内客户	半年
	国外客户	一年
冲压成品及半成品	全部客户	一年
组装成品	全部客户	二年
镜片类	全部客户	一年
外购件	全部客户	二年
胶料		半年
色粉		一年
化学危险品		一年

※ 因色粉及化学品来料外包装均标识有保质期，仓存超期的色粉及化学危险品，如在保质期内，可暂不处理保存于仓中。

4.4.3 所有在库货物必须定期盘点，以核查数据和在库状态。

5. 相关表单

物料管制卡；

仓管员交接记录。

拟定		审核		审批	

三、客户财产控制程序

标准文件		客户财产控制程序	文件编号	
版次	A/0		页次	

1. 目的

为明确公司内所有客户提供物品的管理方法，对其进行恰当的日常维护，以确保其处于正常使用状态，特制定本程序。

2. 适用范围

适用于公司内客户提供的各种物品，包括生产物料、模具、生产设备、检测设备和工装夹具等的管理。

3. 职责

3.1 有关客户提供的生产物料发生品质异常时，由PMC负责与客户进行联络。

3.2 除生产物料和检测设备之外的客户财产发生异常时，由业务及工程部/生产技术部负责与客户进行联络。

3.3 检测设备发生异常时，由品管部负责与客户进行联络。

4. 流程图

确认并接收客供物品 → 验收客供物品 → 受理并使用客供物品

5. 程序

5.1 接收的准备：由业务及工程部／生产技术部、品管部或 PMC 组织相关部门进行协商，明确客户的要求，结合公司现行的质量体系，确定对"客户即将提供物品"的管理方法。需要时由使用部门制定有关的工作指引（例如：生产设备或检测设备的操作规程）。

5.2 品管部收到客供检测设备，业务及工程部／生产技术部收到除生产物料和检测设备外的物品时，必须及时地填写客供物品验收单。其中模具的客供物品验收单以该模具的生产认可单为准。

5.3 检测设备由品管部和使用部门共同完成其验收，生产设备、工装夹具、模具由业务及工程部／生产技术部和使用部门共同完成验收。

5.4 公司内客户财产的管理方法：

类别	管理方法
生产物料	与公司购买的生产物料的管理方法相同，有关其检验、检验状态的标识以及不合格品的处理分别见以下文件： 《进货检验和试验控制程序》 《过程检验和试验控制程序》 《检验和试验状态控制程序》 《不合格品处理程序》
模具	《新产品试作程序》 《塑料模具管理规定》 《五金模具管理规定》
生产设备	《生产设备控制程序》
工装夹具	《生产过程控制程序》
检测设备	《检测设备控制程序》

5.5 公司内客户提供的模具、生产设备及工装夹具发生异常时，由业务及工程部／生产技术部及时地联络客户，与客户协商处理方法。检测设备发生异常时，由品管部与客户联络。

6. 相关表单

客供物品验收单。

拟定		审核		审批	

四、仓库盘点作业管理流程

标准文件		仓库盘点作业管理流程	文件编号	
版次	A/0		页次	

1. 目的

为确保公司库存物料盘点的准确性，达到仓库物料有效管理和公司财产有效管理的目的，特制定本盘点作业管理流程。

2. 适用范围

适用于仓库所有库存物料的盘点管理工作。

3. 职责

3.1 仓库部：负责组织、实施仓库盘点作业，最终盘点数据的查核、校正、盘点总结。

3.2 财务部：负责稽核仓库盘点作业数据，以保证其正确性。

3.3 IT 部：负责盘点差异数据的批量调整。

4. 盘点方式

4.1 定期盘点

4.1.1 月末盘点：仓库平均每个月组织一次盘点，盘点时间一般在月末；月末盘点由仓库负责组织，财务部负责稽核。

4.1.2 年终盘点：仓库每年进行一次大盘点，盘点时间一般在年终放假前的销售淡季；年终盘点由仓库负责组织，财务部负责稽核。

4.1.3 定期盘点作业流程参照 7.1～7.9 执行。

4.2 不定期盘点

不定期盘点由仓库自行根据需要进行安排，盘点流程参考 7.1～7.9，且可灵活调整。

5. 盘点方法及注意事项

5.1 盘点方法

采用实盘实点方式，禁止目测数量、估计数量。

5.2 盘点注意事项

5.1.1 盘点时注意物料的摆放，盘点后需要对物料进行整理，保持原来的或合理的摆放顺序。

5.1.2 所负责区域内物料需要全部盘点完毕并按要求做好记录。

5.1.3 参照初盘、复盘、查核、稽核时需要注意的事项。

5.1.4 盘点过程中注意保管好盘点表，避免遗失，造成严重后果。

6. 盘点工作安排

6.1 盘点计划书

6.1.1 月底盘点由仓库和财务部自发根据工作情况组织进行，年终盘点需要征得总经理的同意。

6.1.2 开始准备盘点一周前需要制订盘点计划书，计划中需要对盘点具体时间、仓库停止作业时间、账务冻结时间、初盘时间、复盘时间、人员安排及分工、相关部门配合及注意事项做详细计划。

6.2 时间安排

时间安排如下表：

事务	时间安排	具体目的
初盘	计划在一天内完成	确定初步的盘点结果数据
复盘	根据情况安排在第一天完成或在第二天进行	验证初盘结果数据的准确性
查核	在初盘、复盘过程中或复盘完成后由仓库内部指定人员操作	验证初盘、复盘数据的正确性
稽核	根据稽核人员的安排而定，在初盘、复盘的过程中或结束后都可以进行，一般在复盘结束后进行	稽核初盘、复盘的盘点数据，发现问题，指正错误

盘点开始时间和盘点计划共用时间根据当月销售情况、工作任务情况来确定，总体原则是保证盘点质量和不严重影响仓库的正常工作。

6.3 人员安排

6.3.1 人员分工。

人员分工如下表：

人员分工	责任
初盘人	负责盘点过程中物料的确认和点数、正确记录盘点表，将盘点数据记录在"盘点数量"一栏
复查人	初盘完成后，由复盘人负责对初盘人负责区域内的物料进行复盘，将正确结果记录在"复盘数量"一栏
查核人	复盘完成后由查核人负责对异常数量进行查核，将查核数量记录在"查核数量"一栏中
稽核人	在盘点过程中或盘点结束后，由总经理和财务部、行政部指派的稽核人以及仓库经理负责对盘点过程予以监督，盘点物料数量，或稽核已盘点的物料数量
数据录入员	负责将盘点查核后的盘点数据录入电子档的"盘点表"中

根据以上人员分工设置，仓库需要对盘点区域进行分析并进行人员责任安排。

6.4 相关部门配合事项

6.4.1 盘点前一周发"仓库盘点计划"通知财务部、QC 部、采购部、客服部、销售部、IT 部，并呈报总经理，说明相关盘点事宜；仓库盘点期间禁止物料出入库。

6.4.2 盘点 3 天前通知采购部尽量要求供应商或档口将货物提前送至仓库收货，以提前完成收货及入库任务，避免影响正常发货。

6.4.3 盘点 3 天前通知 QC 部，要求其在盘点前 4 小时完成检验任务，以便仓库及时地完成物料入库任务。

6.4.4 盘点前和 IT 部主管沟通好，预计什么时间确认最终盘点数据，由其安排对数据进行库存调整工作。

6.5 物资准备

盘点前需要准备 A4 夹板、笔、透明胶、盘点卡。

6.6 盘点工作准备

6.6.1 仓管员在盘点前一天将借料全部追回，未追回的要求其补充相关单据；因时间关系未追回也未补单据的，以借料数量作为库存盘点，并在盘点表上注明，借料单作为依据。

6.6.2 盘点前需要将所有能入库归位的物料全部归位入库入账，对不能归位入库或未入账的进行特殊标示注明不参加本次盘点。

6.6.3 将仓库所有物料进行整理整顿标识，所有物料外箱上都要求有相应料编号、储位标识。同一储位物料不能放置超过 2 米的距离，且同一货架的物料不能放在另一货架上。

6.6.4 盘点前仓库账务需要全部处理完毕。

6.6.5 账务处理完毕后需要制作"仓库盘点表"(有单项金额)，并发给对应的财务人员。

6.6.6 在盘点计划时间只有一天的情况下，需要组织人员先对库存物料进行初盘。

6.7 盘点会议及培训

6.7.1 盘点作业培训：对参加盘点人员培训有关盘点作业流程、吸取盘点错误经验、盘点中需要注意事项等。

6.7.2 会议：组织相关人员召开会议，以便落实盘点各项事宜，包括盘点人员及分工安排、异常事项如何处理、时间安排等。

6.7.3 模拟盘点：让所有参加盘点的人员了解和掌握盘点的操作流程和细节，避免出现错误。

6.8 盘点工作奖惩

6.8.1 在盘点过程中需要本着"细心、负责、诚实"的原则进行盘点。

6.8.2 盘点过程中严禁弄虚作假，虚报数据，盘点粗心大意导致漏盘、少盘、多盘，书写数据潦草、错误，丢失盘点表，随意换岗；复盘人不按要求对初盘异常数据进行复盘，"偷工减料"；不按盘点作业流程作业等（特殊情况需要领导批准）。

6.8.3 对在盘点过程中表现特别优异和特别差的人员参考《仓库人员工作及奖惩制度》进行相应考核。

6.8.4 仓库根据最终"盘点差异表"数据及原因对相关责任人进行考核。

7. 盘点作业流程

7.1 初盘前盘点

7.1.1 因时间安排原因，在盘点总共只有一天或时间非常紧张的情况下，可安排合适人员先对库存物料进行初盘前盘点。

7.1.2 初盘前盘点作业方法及注意事项：

（1）最大限度地保证盘点数量准确。

（2）盘点完成后将外箱口用胶布封上，并要求将盘点卡贴在外箱上。

（3）已经过盘点封箱的物料在需要拿货时一定要如实地记录出库信息。

（4）盘点时顺便对物料进行归位操作，将箱装物料放在对应的物料零件盒附近，距离不得超过 2 米。

7.1.3 初盘前盘点作业流程：

（1）准备好相关作业文具及盘点卡。

（2）按货架的先后顺序依次对货架上的箱装（或袋装，以下统称箱装）物料进行点数。

（3）如发现箱装物料对应的零件盒内物料不够盘点前的发料时，可根据经验拿出一定数量放在零件盒内（够盘点前发货即可）；一般拿出后保证箱装物料为整数最好。

（4）仓管员点数完成后在盘点卡上记录编号、储位、盘点日期、盘点数量，并确认签名。

（5）将完成的盘点卡贴在或订在外箱上。

（6）最后对已盘点物料进行封箱操作。

（7）将盘点完成的箱装物料放在对应的物料零件盒附近,距离不得超过 2 米。

（8）按以上流程完成所有箱装物料的盘点。

7.1.4 初盘前已盘点物料进出流程：

（1）如零件盒内物料在盘点前被发完时，可以开启箱装的已盘点的物料。

（2）开启箱装物料后根据经验拿出一定数量放在零件盒内（够盘点前发货即可），一般拿出后保证箱装物料为整数最好。

（3）拿出物料后在外箱上贴的盘点卡上记录拿货日期、数量并签名。

（4）最后将外箱予以封箱。

7.2 初盘

7.2.1 初盘方法及注意事项：

（1）只负责盘点计划中规定区域内的初盘工作，其他区域在初盘过程不予负责。

（2）按储位先后顺序和先盘点零件盒内物料再盘点箱装物料的方式进行先后盘点，不允许采用零件盒与箱装物料同时盘点的方法。

（3）所负责区域内的物料一定要全部盘点完成。

（4）初盘时需要重点注意以下导致盘点数据错误的情形：物料储位错误，物料标示编号错误，物料混装等。

7.2.2 初盘作业流程：

（1）初盘人准备相关文具及资料（A4夹板、笔、盘点表）。

（2）根据盘点计划的安排对所负责区域进行盘点。

（3）按零件盒的储位先后顺序对盒装物料进行盘点。

（4）盒内物料点数完成确定无误后，根据储位和编号在盘点表中找出对应的物料一栏，并在表中"零件盒盘点数量"一栏记录盘点数量。

（5）按此方法及流程盘完所有零件盒内物料。

（6）继续盘点箱装物料，也按照箱子摆放的顺序进行盘点。

（7）在此之前如果安排有初盘前盘点，则此时只需要根据物料外箱盘点卡上的标示确定正确的编号、储位信息，和盘点表上的编号、储位信息进行对应，并在盘点表上对应的"箱装盘点数量"一栏填上数量即可，同时需要在盘点卡上进行盘点标记表示已经记录了盘点数量。

（8）如之前未安排初盘前盘点或发现异常情况（如外箱未封箱、外箱破裂或其他异常时），需要对箱内物料进行点数；点数完成确定无误后根据外箱盘点卡上的信息在对应盘点表的"箱装盘点数量"一栏填上数量即可。

（9）按以上方法及流程完成负责区域内整个货架物料的盘点。

（10）初盘完成后根据记录的盘点异常数据对物料再盘点一次，以保证初盘数据的正确性。

（11）在盘点过程中发现异常问题不能正确判定或不能正确解决时可以找查核人处理。

（12）初盘完成后，初盘人在初盘盘点表上签名确认，然后将初盘盘点表复印一份交给仓库经理存档，并将原件给到指定的复盘人进行复盘。

（13）初盘时如发现该货架物料不在所负责的盘点表中，但是属于该货架物料，同样需要进行盘点，并对应记录在盘点表的相应栏中。

（14）特殊区域内（无储位标示物料、未进行归位物料）的物料盘点由指定人员进行。

（15）初盘完成后需要检查是否所有箱装物料都有进行盘点，以及箱上的盘点卡是否有表示已记录盘点数据的盘点标记。

7.3 复盘

7.3.1 复盘注意事项：

（1）复盘时需要重点查找以下错误原因：物料储位错误，物料标示编号错误，物料混装等。

（2）复盘有问题的需要找到初盘人进行数量确认。

7.3.2 复盘作业流程：

（1）复盘人对初盘盘点表进行分析，按照先盘点差异大后盘点差异小，再抽查无差异物料的方法进行复盘工作；复盘可安排在初盘结束后进行，且可根据情况在复盘结束后再安排一次复盘。

（2）复盘时根据初盘的作业方法和流程对异常数据物料进行再一次点数盘点，如确定初盘盘点数量正确时，则盘点表上的"复盘数量"栏不用填写；如确定初盘盘点数量错误时，则在盘点表上的"复盘数量"栏填写正确数量。

（3）初盘所有差异数据都需要经过复盘盘点。

（4）复盘完成后，与初盘数据有差异的需要找初盘人予以当面核对，核对完成后，将正确的数量填写在盘点表的"复盘数量"栏。

（5）复盘人与初盘人核对数量后，需要将初盘人盘点错误的次数记录在盘点表上的"初盘错误次数"中。

（6）复盘人不需要找出物料盘点数据差异的原因，如果很清楚确定没有错误，可以将错误原因写在盘点表备注栏中。

（7）复盘时复盘人需要查核是否所有的箱装物料全部盘点完成及是否有做盘点标记。

（8）复盘人完成所有流程后，在盘点表上签字并给到相应查核人。

7.4 查核

7.4.1 查核注意事项：

（1）查核最主要的是最终确定物料差异和差异原因。

（2）对于问题很大的，查核人也不要光凭经验和主观判断，需要找初盘人或复盘人确定。

7.4.2 查核作业流程：

（1）查核人对复盘后的盘点表数据进行分析，以确定查核重点、方向、范围等，按照先盘点数据差异大后盘点数据差异小的方法进行查核工作；查核可安排在初盘或复盘过程中或结束之后。

（2）查核人根据初盘、复盘的盘点方法对物料异常进行查核，将正确的查核数据填写在盘点表上的"查核数量"栏中。

（3）确定最终的物料盘点差异后需要进一步找出错误原因并写在盘点表的相应位置。

（4）按以上流程完成查核工作，将复盘的错误次数记录在盘点表中。

（5）查核人完成查核工作后在盘点表上签字并交给仓库经理，由仓库经理安排人员进行数据录入工作。

7.5 稽核

7.5.1 稽核注意事项：

（1）仓库指定人员需要积极配合稽核工作。

（2）稽核人盘点的最终数据需要稽核人和查核人签字确认方为有效。

7.5.2 稽核作业流程：

（1）稽核作业分仓库稽核和财务行政稽核，操作流程基本相同。

（2）稽核人员根据盘点表随机抽查或重点抽查的原则筛选制作稽核盘点表。

（3）稽核根据需要在仓库初盘、复盘、查核的过程中或结束之后进行。

（4）稽核人员可先自行抽查盘点，合理安排时间，在自行盘点完成后，要求仓库安排人员（一般为查核人）配合进行库存数据核对工作；每一项核对完成无误后在稽核盘点表的"稽核数量"栏填写正确数据。

（5）稽核人员和仓库人员核对完成库存数据的确认工作以后，在稽核盘点表的相应位置上签名，并复印一份给到仓库查核人员，由查核人负责查核；查核人确认完成后和稽核人一起在稽核盘点表上签名；如配合稽核人员抽查的是查核人，则查核人可以不再复查，将稽核数据作为最终盘点数据，但对于数据差异需要继续寻找原因。

7.6 盘点数据录入及盘点错误统计

7.6.1 经仓库经理审核的盘点表交由仓库盘点数据录入员录入电子档盘点表中，录入前将所有数据，包括初盘、复盘、查核、稽核的所有正确数据，手工汇总在盘点表内。

7.6.2 仓库盘点录入员录入数据应以盘点表的数据为准，并将盘点差异原因录入。

7.6.3 录入工作应仔细认真保证无丝毫错误，录入人员在录入过程发现问题应及时找相关人员解决。

7.6.4 录入完成以后需要反复检查三遍，确定无误后发给总经理审核，同时发送财务部、采购组、客服主管、IT部主管。

7.7 最终盘点表审核

7.7.1 仓库确认及查明盘点差异原因。

（1）因物流系统的原因，一般经过仓库确定的最终盘点表在盘点数据库存调整之前没有足够的时间去查核，只能先将盘点差异表发给IT部调整再查核未查明原因的盘点差异物料；在盘点差异物料较少的情况下（在不影响采购交货的情况下，可以先发盘点差异表给采购），需要全部找出原因经过总经理审核后再调整。

（2）在盘点差异数据经过库存调整之后，仓库继续根据差异数据查核差异原因，需要保证将所有的差异原因全部找出。

（3）全部找出差异原因后查核人将电子档盘点表的差异原因进行更新，交仓库经理审核，仓库经理将物料金额纳入核算，将最终的盘点差异表（含物料和金额差异）呈交总经理审核签字。

（4）仓库根据盘点差异情况对责任人进行考核。

（5）仓库对盘点差异表进行存档。

7.7.2 财务确认。

（1）在仓库盘点完成后，财务稽核人员在仓库盘点表的相应位置签名，并根据稽核情况注明稽核物料抽查率、稽核抽查金额比率、稽核抽样盘点错误率等。

（2）总经理审核完成后盘点差异表由财务部存档。

7.7.3 总经理审核。

7.8 盘点库存数据校正

7.8.1 总经理书面或口头同意对盘点差异表差异数据进行调整后，由IT部门根据仓库发送的盘点表负责对差异数据进行调整。

7.8.2 IT部门调整差异数据完成后，形成盘点差异表通知财务部、采购组、仓库组、客服主管、总经理。

7.9 盘点总结及报告

7.9.1 根据盘点期间的各种情况进行总结，尤其是对盘点差异原因进行总结，写成盘点总结及报告，发送总经理审核，并发送财务部。

7.9.2 盘点总结报告需要对以下项目进行说明：本次盘点结果、初盘情况、复盘情况、盘点差异原因分析、以后的工作改善措施等。

8. 相关表单

盘点表；

稽核盘点表；

盘点差异表。

拟定		审核		审批	

第三节　物料仓储管理表格

一、存量控制卡

存量控制卡

品名：		单位：		库号：			请购点：		采购前置时间：	
规格：		架位：		组立形式及数量：			请购量：		月拨发量：	
件号：		图号：					安全存量：		每月平均拨发量：	
日期	凭单号码	摘要	入库收/欠收	出库发/欠发	请（订）购量				分配			可利用量
					结存数量	请购量订购量	请求交货日期	总请购量总订购量	分配量	计划使用日期	总分配量	

二、库存明细账

库存明细账

物料名称：　　　　物料编号：　　　　规格：　　　　计量单位：　　　　库区：

年		凭证		摘要	收入		发出		结存	
月	日	种类	号数		批号	数量	批号	数量	批号	数量

三、物料计划表

物料计划表

物料类别	物料编号	物料名称	规格型号	单位	质量等级	计划数量	到位要求			备注
							第一批	第二批	第三批	
五金件										
包装材料										

审批：　　　　　　复核：　　　　　　物控经理：　　　　　　物控员：　　　　　　日期：

四、订单物料计划总表

订单物料计划总表

物料计划单编号：　　　　　　生产计划单编号：

物料名称	物料规格	单位	各产品（A、B、C……）所需物料的数量								合计	备注
			A	B	C	D	E	F	G	H		

审批：　　　　　　复核：　　　　　　制单：　　　　　　日期：

五、物料验收单

物料验收单

公司名称：　　　　　　　　　　　　　　　　　　　　日期：

订单号码		厂商		姓名		地址			
发票号码		送货单（装箱单）号码		运输方式		□自提　□送货			
物料编号	品名	规格		单位	数量	验收结果			
						允收	拒收	特采	
备注：									

六、物料供应变更联络单

物料供应变更联络单

发出部门：　　　　接收部门：　　　　日期：　　　　No.：

订单号	供应商	品名	型号/规格	数量	交期		原因
					原定	更改	

发出部门	经办：	接收部门	经办/日期：
	主管：		主管/日期：

七、材料入仓单

材料入仓单

厂商名称：　　　　　　　　　　　　　　　　No.：
厂商编号：　　　　　　　　　　　　　　　　日期：

订单号码	物料编号	品名规格	单位	送货数量	检验损耗	品管判定	实收数量	备注

PMC：　　　　　　IQC：　　　　　　　　　　仓管员：

说明：本单共4联，分别为厂商联、PMC联、货仓联、财务联。

八、发料单

发　料　单

制造单号：　　　　产品名称：　　　　　　　　　　　　　No.：
生产批量：　　　　生产车间：　　　　□材料　□半成品　　日期：

物料编号	品名	规格	单位	单机用量	需求数量	标准损耗	实发数量	备注

生产领料员：　　　　　　　仓管员：　　　　　　　　PMC：

九、领料单

领 料 单

制造单号：　　　　　　产品名称：　　　　　　　　　　　　　　No.：
生产批量：　　　　　　生产车间：　　　　□物料　□半成品　　日期：

序号	料号	品名	规格	单位	计划用量	标准损耗	实领数量	备注

生产领料员：　　　　　　　　　　仓管员：　　　　　　　　　　　　PMC：
说明：共4联，分别为PMC联、货仓联、生产联、财务联。

十、限额领料单

限额领料单

编号：

领料部门		仓库	
日期	至	物品用途	
计划生产量		实际生产量	

物品名称	物品编号	规格	单位	领用限额	调整后限额	实际耗用		
						数量	单价	金额

领料记录								
领料日期	请领数量	实发		退料			限额结余
		数量	发料人	领料人	数量	发料人	领料人	

计划部门：　　　　　供应部门：　　　　　仓管员：　　　　　领料部门（人）：

十一、委托加工物品领料单

委托加工物品领料单

加工企业：　　　　　　发料日期：　　　　　　发料仓库：

合同编号	加工后材料名称规格	计量单位	数量	加工要求	交货日期

材料编号	材料名称	计量单位	数量	材料成本		加工费	运输费	实际成本合计
				单价	金额			

记账：　　　　　　　　发料：　　　　　　　　制单：

十二、退料单

退　料　单

制造单号：　　　　　产品名称：　　　　　　　　　　　　　　No.：
生产批量：　　　　　退料部门：　　　　□材料　□半成品　日期：

物料编号	品名	规格	单位	退料数量	退料原因	品管鉴定	实退数量	备注

仓管员：　　　　　　　品管员：　　　　　　　　退料员：

十三、退料缴库单

退料缴库单

编号：　　　　　　　　　　　　　　　　　　　　日期：

退料单位						检验判定				会计	
物料编号	品名	规格	数量（A）	单位		报废（B）	不良（C）	良品（D）	分析		单价（E）	总价（F）

续表

制造部：	物料部：	品管部：	（1）A=B+C+D （2）F=E×D （3）呆料与超发物料务必分开单独缴

十四、补料单

补　料　单

制造单号：　　　　　　产品名称：　　　　　　　　　　　　　　　No.：
生产批量：　　　　　　生产车间：　　□材料　□半成品　　　　　日期：

物料编号	品名	规格	单位	单机用量	标准损耗	实际损耗	损耗原因	补发数量	备注

生产领料员：　　　　　　　　　　仓管员：　　　　　　　　　　　PMC：

十五、半成品／成品入仓单

半成品／成品入仓单

生产部门：　　　　　　　　　　　　　　　　　　　　　　　　　　No.：
生产单号：　　　　　　　　　　□半成品　□成品　　　　　　　　日期：

物料编号	品名	规格	单位	生产批量	入仓数量	品管判定	实收数量	备注

仓管员：　　　　　　　　　品管员：　　　　　　　　　生产物料员：
说明：本单共4联，分别为生产联、PMC联、货仓联、财务联。

十六、半成品／成品出仓单

半成品／成品出仓单

生产单号：　　　　　　　　　　　　　　　　　　　　　　No.：
　　　　　　　　　　　　　　　　　　　　　　　　　　　日期：

订单号码	物料编号	品名	规格	单位	生产批量	入仓数量	出仓数量	备注

PMC：　　　　　　　　OQC：　　　　　　　　仓管员：
说明：本单共4联，分别为生产联、PMC联、货仓联、财务联。

十七、废料处理申请单

废料处理申请单

　　　　　　　　　　　　　　　　　　　　　　　　　　　No.：
　　　　　　　　　　　　　　　　　　　　　　　　　　　日期：

物品名称		物料编号		数量	
处理方式	□废弃　□转售　□改造　□转作其他用途					
处置说明					
损失分析	账面价值	处置收入	处置支出	损失金额	
处理方式	□废弃　□转售　□改造　□转作其他用途				
处置说明					
损失分析	账面价值	处置收入	处置支出	损失金额	
处理方式	□废弃　□转售　□改造　□转作其他用途				
处置说明					
损失分析	账面价值	处置收入	处置支出	损失金额	

审核：　　　　　　　　经办人：

十八、半成品报废单

半成品报废单

No.：
日期：

制造号码		产品名称		报废单位	
报废品项目	半成品名称	物料编号	规格		原因说明
处理方式：					

审核：　　　　　　　　填表：

十九、进货日报表

进货日报表

日期：

供应厂商	材料名称	物料编号	订单号码	订单数量	今日入仓	累计入仓	差额	备注

制表人：

二十、材料收发日报表

材料收发日报表

日期：

物料名称	物料编号	订单数量	本日进货	累计进货	未进数量	本日出货	本日出货	出货累计	库存	退货本日	退货累计

制表人：

二十一、材料库存日报表

材料库存日报表

日期：

物料名称	物料编号	昨日结存	今日进仓	今日出仓	今日结存	安全存量	订购点	备注

制表人：

二十二、半成品库存日报表

半成品库存日报表

日期：

物料名称	物料编号	昨日结存	今日进仓	今日出仓	今日结存	生产单汇总	累计差额	备注

制表人：

二十三、成品库存日报表

成品库存日报表

日期：

物料名称	物料编号	昨日结存	今日进仓	今日出仓	今日结存	订单总量	累计发出	备注

制表人：

二十四、呆料月报表

呆料月报表

日期：

物料编号	物料名称	未使用月份（1）	累计耗用$（7）	存量（2）	存货金额（3）	累计存货金额（4）	占总存货%（5）	累计（6）

说明：1. 按未使用月份（1）由大到小排列或按累计耗用$（7）由小到大排列。
　　　2. （3）/（7）＞（6）的或未使用月份＞（6）的均印出。
用途：供开发、生产管理及采购部门参考，设法使用。
使用部门：总经理室，开发、生产管理、采购部门。

二十五、废料处理清单

废料处理清单

物料名称	规格型号	物料状况	报废原因	预计残值（元）	实际收入	备注

仓管员：

二十六、成品入库单

成品入库单

编号：　　　　　　　　　　　　　　　　　　　　　　　　　　日期：

投产批号	编号	品名	型号/规格	配备	单位	数量	备注

合同号：　　　　　　　　　客户名称：
入库部门/人：　　　　　　 检验员：　　　　　　　仓管员：

二十七、成品出库单

成品出库单

编号：　　　　　　　　　　　　　　　　　　　　　　　　　　日期：

投产批号	编号	品名	型号/规格	配备	单位	数量	科目号	备注

合同号：　　　　　　　　　　　　收货单位：
出库部门/人：　　　　　　　　　检验员：　　　　　　　仓管员：

二十八、盘点单

盘　点　单

＿＿＿＿＿＿类　　　　　　　日期：　　　　　　　　　　　　　　　　字第　　号

差异理由	（1）计算错误；（2）衡量错误；（3）现品不符；（4）转记错误；（5）漏失；（6）遗失；（7）损耗；（8）度量衡器不良；（9）换算差误；（10）累积磅差；（11）生锈脱落

物料编号	名称	规格	储存场所	单位	实盘数量	料架签结存数	差异数量	差异原因	单位	金额	备注

审核主管：　　　　　　　　　　复检人：　　　　　　　　　　盘点人：

二十九、盘点票

盘　点　票

编号：

□材料　　□半成品　　□成品　　□总务办公用品　　□固定设备
□A类　　□B类　　□C类

型　　号：＿＿＿＿＿＿＿＿＿＿＿＿＿＿＿＿＿＿＿＿＿＿＿＿＿＿＿＿＿＿
编　　号：＿＿＿＿＿＿＿＿＿＿＿＿＿＿＿＿＿＿＿＿＿＿＿＿＿＿＿＿＿＿
品名规格：＿＿＿＿＿＿＿＿＿＿＿＿＿＿＿＿＿＿＿＿＿＿＿＿＿＿＿＿＿＿

续表

```
数    量：_____    单位：_____
盘 点 人：_____
复盘数量：_____
签    名：_____
抽盘数量：_____
签    名：_____
备    注：_____
```

三十、盘点记录单

盘点记录单

仓位区域号：　　　　　　　仓位地点：　　　　　　　盘点日期：

仓位编号	料号	账上存量	包装单位	量/单位	数量	实际存货数量	待整理	不良品	废料	包装破损	备注	抽验数量

工作说明：　　　　　　　　抽验人：　　　　　　　　盘点人：

三十一、盘点盈亏表

盘点盈亏表

日期：

盘点票号	物料编号	品名规格	单位	实盘数量	账目数量	差异数量	差异原因	单价	差异金额

制表人：

三十二、盘点差异分析表

盘点差异分析表

盘点日期：

物料编号	仓位号码	单位	原有数量	实盘数量	差异数量	差异%	单价	金额	差异原因	累计盘盈亏数量	累计盘盈亏金额	建议处理对策
						合计				合计		

三十三、盘点异动报告表

盘点异动报告表

日期：　　　　　页数：　　　　　总累计盘盈（亏）金额：

盘点日期	物料编号	名称	盘盈数量	盘亏数量	盘盈（亏）金额	盘点前库存	盘点后库存	累计盘盈（亏）数量	单价	累计盘盈（亏）金额

三十四、仓库温度、湿度记录表

仓库温度、湿度记录表

库号：　　　　　　　　放置位置：　　　　　　　储存物品：
安全温度：　　　　　　安全相对湿度：

日期	上午							下午							备注
	天气	干球℃	湿球℃	相对湿度（%）	绝对湿度（g/m³）库内	绝对湿度（g/m³）库外	调节措施	记录时间	天气	干球℃	湿球℃	相对湿度（%）	绝对湿度（g/m³）库内	绝对湿度（g/m³）库外	调节措施	记录时间	
1																
2																
3																
4																
5																
…																
31																

第六章

物流配送管理

第一节　物流配送管理要点

一、选择物流运输形式

1. 供应商直接送货

供应商负责将物资送到公司仓储部门，对公司而言，这是一种最省事的方式。其好处就是把运输交货的所有事务都交给了供应商，由供应商承担运输费用、货损、货差和运输风险，而公司只需要与供应商进行一次交接和验收工作就可以完成此次采购任务了。

2. 托运

托运即委托运输，由公司或供应商委托一家运输公司，把物资送到采购方手中。这种方式比较省事，这个运输商通常是铁路部门或是汽车运输公司。

3. 自提

即公司自行到供应商处去提货，自己承担运输交货业务。这种方式要与供应商进行一次交接和验货，但是自己要承担运输途中的所有风险及费用，而且入库时公司还要进行一次入库验收。

4. 快递公司送货

目前国内、国际各类快递公司很多，直接通过快递公司送货非常方便，也成为很多公司的物流运输方式。送货的快递公司可以由供应商安排，也可以由公司安排，一般以公司安排为主。

二、做好自有物流运输管理

1. 运输车辆管理

运输车辆是为公司将采购的物资拉回来的车辆，做好运输车辆管理，能够最大限度上减少可能出现的问题，使车辆始终能够正常行驶。

运输车辆管理流程如下图所示：

明确车辆使用规定 → 车辆使用登记 → 车辆日常运行记载 → 车辆维护保养

运输车辆管理流程

2. 车辆用油管理

公司必须严格做好车辆用油管理，减少油耗，节约各项成本。公司可以为所有车辆办理加油卡，通过加油卡实时了解并控制加油量。

车辆用油管理流程如下图所示：

办理加油卡 → 明确货位编号要求 → 加油充值管理

车辆用油管理流程

3. 司机日常管理

司机是公司货运车辆的管理人员。公司应做好对司机的管理工作，避免其出现违章事故等情况，而一旦出现，也应立即处理。

司机日常管理流程如下图所示：

明确司机任职条件 → 明确日常驾车规定 → 出车后管理

司机日常管理流程

4. 司机违章事故处理

违章容易导致事故的发生，而一旦发生事故，公司必须要严格做好处理工作，避免事故给公司造成不利影响和严重损失。

司机违章事故处理流程如下图所示：

通报 → 调查 → 处理

司机违章事故处理流程

5. 特殊物资运输

特殊物资是指那些具有特殊的物理性、化学性、工艺性以及其他方面特性的物品。特殊物资的运输方法不当可能导致人身伤亡或造成重大财产损失，所以，对这类物资的运输要慎重处理。

特殊物资包括以下几大类：
（1）危险品，如汽油、橡胶水、炸药、压缩气体、液化气体等。
（2）剧毒品，如农药。
（3）腐蚀品，如硫酸。
（4）放射性物资，如射线器械。
（5）贵重物资，如金、银、玉器等。

第二节 物流配送管理制度

一、公司物流运输管理办法

标准文件		公司物流运输管理办法	文件编号	
版次	A/0		页次	

1. 目的

依据国家相关法律法规，结合公司实际情况，为了能使运输车辆得到合理有效的管控，降低运输风险，达到物资承运目的，特制定本办法。

2. 销售物流管理办法及流程

2.1 承运方管理规定

2.1.1 承运方必须严格按照国家相关法律法规要求组织承运，并具备相关资质。

2.1.2 承运方车辆必须自备符合要求的三层防雨篷布、干粉灭火器、铁锹等基本安全设施。承运车辆必须苫盖三层防雨篷布才能出厂，且必须保证防雨布防渗、防漏，所装货物不得暴露在外（苫盖的防雨篷布必须完全覆盖所运输货物）。

2.1.3 根据合同约定，物流公司所派承运车辆、驾驶员、押运员必须具备符合国家标准的危险化学品运输资质。

2.1.4 承运方车辆装车时须提供驾驶证、行驶证、营运证、车主及驾驶员身份证、危险运输品上岗证、押运员资格证等车辆信息复印件。

2.1.5 物流车辆在运输过程中，如有丢失、短缺、肇事、掺杂等现象要及时与公司联系，并按照合同规定由承运方承担与赔偿。

2.1.6 不按合同规定的时间和要求配车发运的，承运方应赔偿托运方××元/车次的违约金。

2.1.7 不准拉运车辆带故障进入厂区运行，若因故障停车，影响交通或其他车辆装货，处以××元/次罚款。

2.1.8 车辆进入厂区后应按规定路线、速度行驶；禁止鸣笛和使用调频对讲机；装好车后按指定地点停放，不得乱停乱放。如违反以上规定处罚承运方××~××元/次。

2.1.9 装货车若对装车区域内设施造成损坏，司机应承担全部责任。

2.1.10 承运车辆驾驶员必须保管好相关票据（结算联、客户联等）。

2.2 物流运行管理规定

2.2.1 承运车辆到达库区后，停放到指定区域办理相关手续，排队等候装车。

2.2.2 承运车辆必须持有承运方盖章签字的"物流派车单"或商务部收到物流公司发过来的"物流派车单"后方可安排装车。

2.2.3 物流发运员对车辆驾驶证、行驶证、营运证、资格证、押运员证等危运手续逐一检查是否真实，特别是对各证件的年检手续、危运等级要严格审核，严格把关，认真履行岗位职责。

2.2.4 "物流派车单"及相关资质审核无误后由物流发运员开具"提货通知单"，成品库保管接到"提货通知单"后统一安排装车。承运车辆必须按成品库保管指定地点装车。

2.2.5 车辆到达装货点后，成品库管审核"提货通知单"，并全面检查装货车辆底板是否有杂物和掺假现象，以及有无配防雨苫布及灭火设备等，不符合条件的车辆不予装车。

2.2.6 为了保障成品库的安全运行，现场装货司机要听从成品库管指挥，非成品库工作人员或与装卸工作无关的人员禁止进入成品库及装车区域，第一次发现给予口头警告，以后每发现一次处以××元罚款。

2.2.7 装车司机进入成品车间必须佩戴安全帽，现场工作人员随时检查，发现违规者第一次给予口头提醒警告，以后每发现一次处以××元罚款。

2.2.8 成品库管必须全程监控装货过程，不得错装、多装或少装。

2.2.9 装车过程中，严格按装车程序合理装车，装卸人员不得向装货车辆收取费用或索取其他物品，一经发现将对相关人员进行严厉处罚。

2.2.10 因天气或其他因素造成不具备装车条件时，必须停止装车。

2.2.11 装车完毕后，成品库保管在承运司机在场确认的情况下对所装车辆货物进行拍照、苫盖三层防雨篷布、打铅封后方可过磅出厂。

2.2.12 物流承运车辆应及时向公司反馈运输信息（如到货及卸货时间、延误原因等），否则造成的一切后果均由物流公司承担。

2.3 销售物流发运流程

2.3.1 物流发运员根据"日销售计划表"发出派车指令（以电话或短信方式），由物流公司开具"物流派车单"并派出运输车辆，承运司机凭物流公司开具的"物流派车单"（车号和司机姓名必须与派出车辆信息相符）到商务部物流发运员处开具"提货通知单"，成品保管收到"提货通知单"后，审核该车辆车、单一致后方可安排装车，并在"提货通知单"上注明装车地点及要求。

2.3.2 司机凭"提货通知单"到指定地点装车，装车完成后由所在分厂开具"装车确认单"，由分厂指定相关人员和承运司机签字确认；成品保管在"提货通知单"签字确认；承运司机凭"装车确认单"和"提货通知单"到磅房过磅。

2.3.3 车辆过磅后，成品库保管和承运司机在过磅单上签字确认。

2.3.4 过磅完毕后的承运车辆必须经成品库保管拍照，苫盖好三层防雨篷布并打铅封后方可提取过磅单出厂。

2.3.5 预付款自提车辆出厂必须凭商务部出具的"预付款自提车辆放行通知单"（经销售主管、物流发运员、销售综合员签字）放行。

3. 采购物流管理办法及流程

3.1 承运方管理规定

3.1.1 承运方须向办事处人员提供或说明该公司运费结算方法和相关运输细节，便于互相协调。

3.1.2 承运方对派出车辆与司机的相关资质进行验审存档，否则出现的一切运输风险均由承运方负责。

3.1.3 承运方提供的车辆必须按本公司采购分配方案进行合理分配，不得自由分配，如有特殊情况，经与物流办事员协调后可对分配车辆做出调整。

3.1.4 承运方的派车单必须由办事处人员核实和签字盖章后方可到指定地装货，否则，因此造成的任何后果均由所派车辆的承运方承担。

3.1.5 物流车辆在运输过程中如有肇事、亏损、未卸货、掺杂等现象要及时与办事处人员联系，并按照合同规定由承运方承担与赔偿。

3.1.6 承运方当日的派车明细（包括车号、司机姓名、联系方式、净重吨数），要及时地报送办事处物流办事员。

3.1.7 如果承运方提供的承运车辆达不到当日采购数量，按合同对承运方进行考核。

3.1.8 承运方派车单填写的内容，要与承运车辆信息相符，同时也要与公司所采购的各类产品规格相匹配。

3.1.9 承运车辆在装货地装货过磅后，不得随意卸货，如有发现将对承运方做出严厉处罚。

3.1.10 承运方除本公司车辆外，需组织社会车辆时，禁止承运方之间对组织车辆进行恶意竞争，否则将对承运方进行每次××~××元的处罚。

3.1.11 承运车辆进入公司卸货区后应按规定路线、速度行驶，服从公司现场人员的指挥，按指定地点停放，不得乱停乱放，禁止鸣笛和使用调频对讲机。

3.1.12 承运车辆对公司的设备、设施造成损坏的应照价赔偿。

3.1.13 承运车辆司机必须保管好相关票据。

3.2 物流运行管理规定

3.2.1 采购员将计划货物量告知物流办事员，物流办事员对承运方发出派车指令，承运方按指令要求配发车辆。

3.2.2 承运车辆必须持有承运方盖章签字的"派车信息单"到办事处经物流办事员审核签字后方可到指定供货厂家装货。

3.2.3 采购员必须告知各供货厂家，承运车辆凭承运方印章及公司物流办事员签字确认的"派车信息单"并核对与该车辆车号相符后方可装车，否则出现任何损失自行承担。

3.2.4 采购员可根据各供货厂家的现场货物量、质量指标与生产等情况，及时与物流办事员对承运车辆作出相应的调整。

3.2.5 承运车辆到达装货地点后，采购员与司机必须对所装物料的规格核实匹配，对不符合调运要求的物料禁止装车。

3.2.6 物流办事员对承运方所派车辆须及时派发到指定装货地，不得出现拖延派发承运车辆的现象，并合理调配各供货厂家承运车辆，避免因时差造成各供货厂家承运车辆的拥堵与无车现象等不合理分配。

3.3 采购物流发运流程

3.3.1 根据公司采购数量计划与装货地点，经办事处发出指令（以电话或短信方式），由承运方开具"派车信息单"（注有承运方与司机信息）并派出运输车辆，车辆司机凭承运方开具的"派车信息单"（车号和司机姓名必须与派出车辆信息相符），经物流办事员签字后到发货地点装货。

3.3.2 供货商凭承运方印章及公司物流办事员签字确认的"派车信息单"并核对与该车辆车号相符后方可装车，供货方出具过磅单的车号与司机姓名应与开具的派车信息单一致。

3.3.3 司机到厂区卸车时，磅房凭承运方印章及公司物流办事员签字的"派车信息单"、装货方的过磅单，给予过磅。

3.3.4 司机结算运费时，凭"派车信息单"及公司过磅单的运费结算联（经保管签字确认后）和该车辆装货地过磅单，到所属承运单位进行运费结算。

3.3.5 承运方须对车辆司机的相关资质进行验审存档，否则出现的一切运输风险均由承运方负责。

附件一：销售物流发运流程图

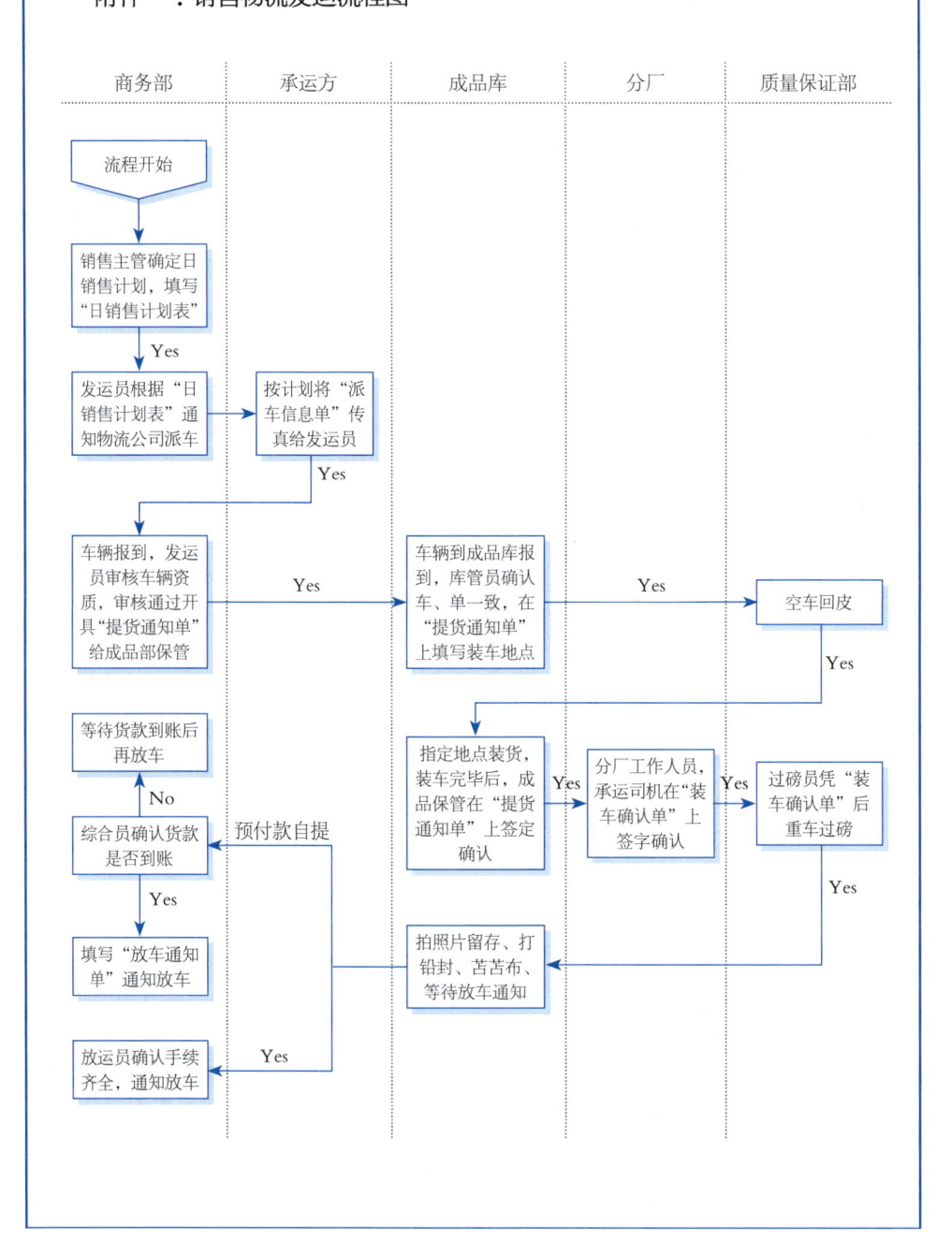

商务部	承运方	成品库	分厂	质量保证部

流程开始
↓
销售主管确定日销售计划，填写"日销售计划表"
↓ Yes
发运员根据"日销售计划表"通知物流公司派车 → 按计划将"派车信息单"传真给发运员
↓ ↓ Yes
车辆报到，发运员审核车辆资质，审核通过开具"提货通知单"给成品部保管 —Yes→ 车辆到成品库报到，库管员确认车、单一致，在"提货通知单"上填写装车地点 —Yes→ 空车回皮
↓ ↓ Yes
等待货款到账后再放车 ← No 综合员确认货款是否到账 ← 指定地点装货，装车完毕后，成品保管在"提货通知单"上签定确认 —Yes→ 分厂工作人员，承运司机在"装车确认单"上签字确认 —Yes→ 过磅员凭"装车确认单"后重车过磅
↓ Yes ↑ 预付款自提 ↓ ↓ Yes
填写"放车通知单"通知放车 ← 拍照片留存、打铅封、苫苫布、等待放车通知 ←
↓
放运员确认手续齐全，通知放车 —Yes→

附件二：采购物流发运流程图

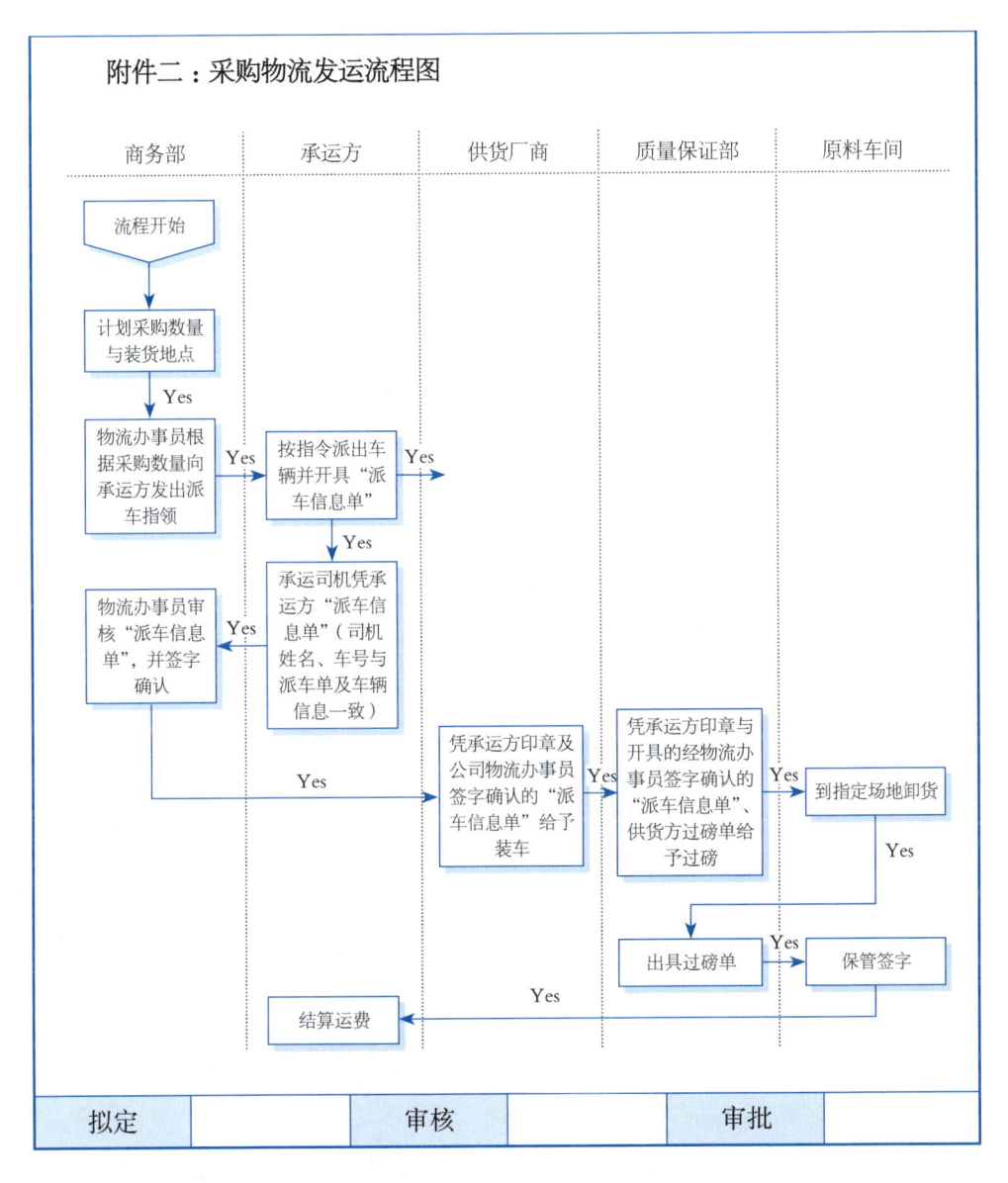

商务部	承运方	供货厂商	质量保证部	原料车间

流程开始 → 计划采购数量与装货地点 → Yes → 物流办事员根据采购数量向承运方发出派车指领 → Yes → 按指令派出车辆并开具"派车信息单" → Yes → 承运司机凭承运方"派车信息单"（司机姓名、车号与派车单及车辆信息一致）→ Yes → 物流办事员审核"派车信息单"，并签字确认 → Yes → 凭承运方印章及公司物流办事员签字确认的"派车信息单"给予装车 → Yes → 凭承运方印章与开具的经物流办事员签字确认的"派车信息单"、供货方过磅单给予过磅 → 到指定场地卸货 → Yes → 出具过磅单 → Yes → 保管签字 → Yes → 结算运费

拟定		审核		审批	

二、物流运输管理制度

标准文件		物流运输管理制度	文件编号	
版次	A/0		页次	

1. 目的

本着"安全、及时、准确、经济"的原则，按照运输车辆集中管理、分散使

207

用结合的办法加强物流运输管理，特制定本制度。

2. 适用范围

适用于本公司的物流配送管理。

3. 管理规定

3.1 货物通知、提货和装运

3.1.1 调度员接到货运通知和登记时，要验明各种运输单据，及时安排接货。

3.1.2 调度员按商品要求、规格、数量填写运输派车单交运输员。

3.1.3 运输员领取任务后，需认真核对各种运输单据，包括发票、装箱单、提单、检验证等。问明情况，办理提货。

3.1.4 提货。

（1）运输员提货时，首先按运输单据查对箱号和货号；然后对产品施封、苫盖、铅封进行认真检查；确认无误后，由运输员集体拆箱并对商品进行检验。

（2）提取零担商品时需严格检查包装质量，对开裂、破损包装内的商品要逐件点验。

（3）提取特殊贵重商品要逐个进行检验；注意易燃、易碎商品有无异响和破损痕迹。

（4）做好与货运员现场交接和经双方签字的验收记录。

（5）对包装异常等情况要做出标记，单独堆放。

（6）在提货过程中发现货损、货差、水渍、油渍等问题要分清责任，并向责任方索要"货运记录"或"普遍记录"，以便办理索赔。

3.1.5 装运。

（1）运输员在确保票实无误或对出现的问题处理后，方可装车。

（2）装车要严格按商品性质、要求、堆码层数的规定，平稳装车码放；做到喷头正确、箭头向上、大不压小、重不压轻、固不压液；易碎品单放；散破包装在内、完好包装在外；苫垫严密、捆扎牢固。

3.2 商品运输、卸货与交接

3.2.1 运输员必须按规定地点卸货。如货运方有其他要求需向调度员讲明，以便重新安排调整。

3.2.2 卸货时要要求堆放整齐，方便点验。

3.2.3 定位卸货要轻拿轻放，根据商品性质和技术要求作业。

3.2.4 交货时，运输员按货票向接货员一票一货交代清楚，并由接货员签字，加盖货已收讫章。

3.2.5 货物移交后，运输员将由接货员在临时入库通知单或入店票上签字、盖章的票据交储运业务部。业务部及时转各商店办理正式入店手续。

3.2.6 若运输货物移交有误，要及时地与有关部门联系。

3.2.7 运输任务完成后，运输员需在派车单上注明商品情况，连同铅封交收货方。

3.2.8 在运输中，因运输人员不负责任发生问题，按场内有关规定处理。

3.3 商品运输安排与申报

3.3.1 储运部需根据业务合理安排运输。

3.3.2 本市商品原则上 2 天内运回，最迟不超过 3 天。

3.3.3 储运部办理运输手续时需如实登记发运货物品名、规格、数量、性质、收货单、地点、联系人、电话、时间和要求等，并填写清楚。

3.4 运单的传递与统计

3.4.1 传递运输单据要按传递程序进行，做到统计数字准确、报表及时。

3.4.2 调度员要认真核对汽车运输单据，发现差错、遗漏和丢失要及时更正、补填，按规定时间交统计员。

3.4.3 统计员根据运输单据，做好各项经济指标的统计、造册、上报与存档工作。

3.5 运输费用收取

3.5.1 先付款后发货：运费由财务部根据里程统一收费。

3.5.2 货到付款：货到指定地点后，联系指定收货人，对方核对无误，在物流运单上签字确认后，由运输员收取本次物流运费。回公司后，须及时把本次运费上交财务部。

3.6 奖惩管理规定

3.6.1 奖励条件。

（1）全年驾驶无事故。

（2）全年运输货物无丢失、无损坏。

（3）发现并能及时地制止重大错误的发生，避免公司遭受经济损失。

（4）工作认真负责，恪守职责，遵守公司各项规章制度。

（5）对仓库的管理提出合理化建议，为公司开源节流做出贡献者。

（6）在安全检查评比中，消灭重大事故、一般事故的四项频率均不超过公司下达指标的车队，车队长、安全员、车管员、调度员每人奖励 ×× 元。

（7）在每季度车辆安全技术检查评比中，保养质量达 90 分以上的车辆，奖励主管司机 ×× 元；连续四个季度均达到 90 分以上者，年终加奖 ×× 元。

3.6.2 处罚标准。

（1）承运司机未按要求时间把货送到用户手中，影响用户生产，每晚一天罚款 ×× 元。

（2）承运司机不得私自将承运的货物转卖或委托其他车辆运输，如果发生上述情况罚款××～××元，视情节拒付运费。

（3）承运司机在整个承运过程中有倒换、盗窃所运货物者，要按货物价格的3～5倍进行罚款。

（4）在承运过程中对承运货物造成丢失、损失、锈蚀等，视情况予以××～××元罚款。

（5）承运车辆在运输过程中，由于交通事故和临时故障不能按时间要求到达目的地，在出事后2小时内不能及时地向公司汇报的罚款××元/次，汇报后也要视情况罚款××～××元，如果造成较大影响，可加重处罚。

（6）承运司机不能按要求传递票据或将票据涂改或损坏，罚款××～××元，如果丢失则视影响程度进行罚款。

（7）承运司机到达运送目的地，要热情服务和交接，协助卸车，如因工作服务态度不好，用户反映强烈，视情况罚款××～××元。

（8）轻微事故（直接经济损失××元以下）：负同等以上责任，赔偿30%～40%经济损失，取消5000公里安全里程。

（9）一般事故（直接经济损失××元以上，××元以下）：负一定、次要责任，停驾5～10天，赔偿10%～20%经济损失，取消6000～1万公里安全里程；负同等以上责任停驾10～30天，赔偿30%～40%经济损失，取消1万～6万公里安全里程。

（10）重大事故（直接经济损失××元以上××元以下）：负一定、次要责任，停驾1～3个月，赔偿10%～20%经济损失，取消20万～30万公里安全里程（属死亡事故，取消30万～50万公里）；负同等以上责任，停驾3个月以上，赔偿30%～40%经济损失，取消全部安全里程。货运事故损失赔偿限额，同等责任以下最高不超过××元，主要责任以上最高不超过××元。

（11）特大事故：凡负有责任的，停驾半年以上，取消全部安全里程。

（12）驾驶员在一年内累计发生三宗同等以上交通责任事故，每宗直接经济损失××元以上者或发生交通死亡事故负同等责任以上者，取消其在本公司的驾车资格。

拟定		审核		审批	

三、运输外包管理工作流程及管理制度

标准文件		运输外包管理工作流程及管理制度	文件编号	
版次	A/0		页次	

1. 目的
为规范公司物流运输作业程序，节省运费成本，提升管理水平，加强运输外包过程控制，针对公司外包运输作业，特制定本制度。

2. 适用范围
本制度适用于公司所有设备运输外包作业。

3. 职责与权限
3.1 运输管理员负责确定合格的运输企业，此运输企业必须有相关运输资质，并定期对其进行评价，对运输过程实施监控。

3.2 运输管理员负责通过市场价格的比较，制订公司运输费用的价格方案，上报公司管理层进行批准。

3.3 运输管理员负责协调公司与运输企业之间的矛盾纠纷，协商处理运输过程中的理赔、违约、处罚等事宜。

3.4 运输管理员负责根据工程部确认的需要到货时间，提前做好车辆安排，并具体安排车辆装车。

3.5 运输管理员负责合理计划所需车辆的吨位及长度，节约运输成本。

3.6 运输管理员负责运输合同的签订及运费结算工作。

4. 管理规定
4.1 运输企业的选择

4.1.1 运输管理员根据公司产品运输特点，择优选择合适的运输企业，并将初选方案上报采购部经理审核。

4.1.2 运输管理员负责对外包方的资质进行审查。

4.1.3 运输管理员根据审查结果，向采购部经理提交审查报告。采购部经理最终确定合格外包方。

4.1.4 外包方应选择公司化运作、具备一定实力的运输公司或配载公司，有自己的营运车辆，杜绝个人承包行为，以提升运输保障能力和抗风险能力。

4.1.5 运输管理员负责运输合同的起草，采购部经理负责审核，最终报董事长核准。

4.2 货物运输作业程序

4.2.1 发货审批。运输管理员根据工程部发货通知，通知仓库管理员及生产部进行设备的准备工作。

4.2.2 调度车辆。运输管理员汇总设备发货清单后，根据工程部要求的到货时间，提前1天通知运输部准备适型车辆，按时到公司仓库准备装货。

4.2.3 仓库发货。仓库管理员根据审批手续齐全的出库单发货，运输管理员应当协助仓库保管员清点所发设备的数量、规格，保证零差错。

4.2.4 装运发车。运输管理员根据仓库管理员所提供的设备发货清单，并标明规格、数量、到达地点和收货人，交运输人员。

4.2.5 货物发出。运输管理员将仓库管理员所开出的车辆放行条递交行政部，对设备种类及数量核实后放行。

4.2.6 及时卸货。货物发出后，运输管理员须及时通知工程项目负责人，将货物的相关信息及预计到货时间告知项目负责人，以便于工程项目负责人提前做好卸货准备。

4.2.7 收货证明。卸货完成后，工程项目负责人应对所发货物进行清点，并签收发货清单，确认所发货物的完整性。运输管理员留存相关签收单据。

4.2.8 意外事件处理。在运输过程中，如遇到货物灭失、短少、污染、损坏，运输管理员应做好登记，通知仓库管理员与工程项目负责人，处理善后事宜，评估损失，制订理赔方案。

4.2.9 运输款支付。月末25日轧账后，运输管理员通知运输方将运输清单进行汇总，然后将运输清单交与仓库管理员核对发货记录，核对无误后签署运输合同，按照合同约定付款方式进行请款支付。

拟定		审核		审批	

四、客户订货及发货流程规范

标准文件		客户订货及发货流程规范	文件编号	
版次	A/0		页次	

1. 目的

为保证公司产品销售发货出库高效准确，最大限度地避免不必要的损失，特制定本规范。

2. 适用范围

适用于本公司客户订货及发货管理。

3. 管理规定

3.1 客户订货及订单确认

客户订货时需先发来订货单。销售内勤根据客户订货单到仓库确认是否有货，若库存不足需通知更改订货数量或规格。销售内勤根据修改后的数量及单价计算订单总金额并电传客户确认（销售内勤应根据价格表开具价格明细，如果客户申请特价的需部门负责人及总经理签字确认），客户确认订单无误并回传销售内勤后，销售内勤须提示客户根据订单金额汇款到公司指定账户。

3.2 货款到账确认

客户汇款后通知销售内勤并上传汇款单，财务部查询是否到账并确认到账的金额无误（公司原则上实行现款现货，若有特殊情况欠款销售的须由经手人报总经理或董事长审批，销售内勤应做好账务记录并按时催收）。

3.3 开具发货单并签字

确认货款到账后，销售内勤根据客户订货需求开具发货单，发货单一式四联，存根、会计、仓库、随货同行各一联。销售内勤凭发货单到财务部找财务负责人签字确认货款已到账。发货单要求书写规范认真，注明订货单位、日期、品种、规格、数量、金额等内容，涂改作废。

3.4 组织发货

销售内勤携签字后的发货单通知仓库发货，仓库凭发货单出库，销售内勤协同仓管打包并标注收货人、电话以及托运件数。销售内勤同送货员将货物直接送达客户指定物流公司或快递公司，并带回相应的发货运单及时交销售内勤，销售内勤应在当日或次日通知客户货运单号，跟进客户收货。

3.5 自提销售

客户自提货物时由销售内勤根据客户订货单（有价格优惠的需经部门负责人及总经理签字）开具发货单，销售内勤带客户到财务部交款。财务部负责人在发货单上签字确认，销售内勤带客户到仓库凭发货单提货，客户收货后在发货单上的收货人一栏签字，销售内勤收回存根，仓库联交仓库，会计联交财务，客户联交给客户。

3.6 视同销售出库产品

用于广告、赠送、奖品的商品，由经办人填写申请单，部门负责人签字，报总经理批准，仓库根据出库单办理出库。

3.7 单据流程

货物发出后，销售内勤将发货单的会计联交财务签章记账，发货单的存根联经财务部签章后由销售内勤留存。

每月 25 日，销售内勤汇总产品销售情况上报销售总监和总经理，月底由销售内勤、财务、仓库保管三方核对出库手续。

拟定		审核		审批	

五、物流配送管理制度

标准文件		物流配送管理制度	文件编号	
版次	A/0		页次	

1. 目的

为了使公司物流配送工作尽可能做到高效准确，有效控制物流成本，提高公司的物流客服水平和质量，特制定本制度。

2. 适用范围

2.1 向客户输送各种日常用品及大宗商品等。

2.2 负责客户订货、配货的托运。

3. 组织与职责

3.1 配送部管理人员职责

职位	具体职责
配送经理	（1）全面负责总部配送部的工作及各办事处的业务指导工作 （2）分管物流组、送货组的工作 （3）负责送货组、物流组、理货组的日常工作
物流组	负责配送部物流组的工作，直接对配送助理负责
理货组	负责配送部理货组的工作，直接对配送助理负责
打单员	负责配送部所有送货、换货、借出、调拨单据的跟进，配送部员工考勤及工资核算，直接对配送助理负责

3.2 物流部职责

3.2.1 物流部是物流配送部的主责部门，负责筛选物流、跟踪服务。

3.2.2 物流公司的选择。

选择长期合作承运商（物流公司）时，应考核其商务资质及其现有的网络覆盖能力、车辆情况、周期发货时间节点等，并留存其相关资料；如果是临时合作的，一定要签订托运协议；若是比较贵重的物品，则需要承保，以保障客户财产的运输安全。

3.2.3 对公司物资配送人员素质的要求。

物资配送人员应选择符合公司运营标准的物流承运商，保障物资顺畅到达。要掌握物流承运费用的核算方法和相关细节；同时要了解一些车辆（汽运）装载的知识。对于具体物流模式的选择，要根据客户所在地的物流环境、客户自身的要求和本公司供应商的具体情况合理安排。

3.2.4 物流模式具体可分为：

（1）自建物流体系。

属于本公司自己的物流体系，主要负责公司产品的配送，覆盖范围主要为本市以及本省内的一些地区。

同城配送：配送范围为市内，熟悉本地路况、环境，能够以较低的成本运作，为企业和客户提供全面的售后服务。

区域运输及配送：集中在本市的几个中心城区，在覆盖区域内有丰富的网点和大量的货源，同时也承接发往其他区域的货物。

（2）自建物流体系与物流公司合作体系。

面向省内以及省外客户，为所有客户提供全面快捷的服务，因此需要与其他的物流公司合作完成配送。

3.2.5 配送。

（1）发货：商家确认客户订单，1个工作日内选择物流方式完成货物发出，大宗商品可由买卖双方进行协商，原则上不超过3个工作日。

（2）到货：因物流运输的不可控性，对客户承诺到货期在10天之内。

3.2.6 货物运输实名制。

为了提高货物运输的安全性，对于货物提供商和物流方均采用实名制。承运单位在货物运输前须确认货物数量及完好程度。

3.2.7 物流配送（合作的物流公司）单据填写的注意事项。

（1）详细写明货物名称、货号、件数、包装、吨数规格。

（2）在"备注"栏里须填写"提货前请清点货品，事后自负"。

3.3 理货员工作细则

3.3.1 接单。

信息部接单，交配送部门主管审阅后，做好登记。理货员接单装车前应及时审单，并依各客户装车先后顺序发单给装车员拉货。

3.3.2 配送前的检查原则。

"三不"：未接单据不翻账，未经审核不备货，未经复核不出库。

"三核"：核实凭证，核对账卡，核对实物。

"五检查"：品名、规格、包装、件数和重量检查。

3.3.3 准备取货。

按照订单要求（包括物品订单）到卖家仓库准备提取货物。

3.3.4 清点。

按照订单要求清点货物，并对品种、数量、规格、颜色进行复审核对，在相关单品后打√或打×，根据出仓单进行确认。

3.3.5 装车。

（1）装车时要做到轻装轻卸，爱护产品，避免商品包装袋或包装箱被损坏，并确认该卖场货物已全部拉全，**坚决杜绝野蛮装卸货物**，以尽量利用空间、保护商品包装为主要原则。最后由仓库仓管员与配送部理货员相互签单。

（2）在装车过程中应细心、谨慎，点货员必须站立于车门口（中途严禁离开装车区域）按客户要求进行点数装车（如品种、规格、数量等），同送货员确认无误后互相签名。

（3）装完车以后须及时地在装车登记表上进行登记（如车牌号码、金额、数量、送货与拉货人员等）并注明有无换货。

（4）装车时应与货运人员清点数量，并按相应货运价格开具物流配送单（办事处的整车须跟车送货员确认数量）互相签名确认，做好登记，保留相关单据。

3.3.6 换货。

（1）仓管员应及时配合理货员对货品进行更换，主动到仓管处开单，直至交接完毕。

（2）送货员换货时，仓管员应及时地在统计表上登记并让送货员签名确认，且将换货单留底。

（3）装车出现改单时，在互相签名确认以后，统一将改单单据交到电脑室。

（4）换货清点完以后，须及时地交换货物原始单覆盖在换货单上签单入库。

3.3.7 理货员注意事项。

（1）登记每天晚上车辆所送公司以及客户的名称、换货情况、金额、数量、装车人员及送货员，并做好交接班记录和填写异常报告。

（2）交接理货时装车人员与送货员应认真查对货物与单据上的货物名称、规格、数量是否一致，并对货物摆放及标识卡设置情况进行检查，如未达标可拒绝交接，并完毕后方可签字确认将单据送办公室打印送货单。

（3）对现场车辆装载率、装载高度、装载要求进行监督及指导，对现场操作人员进行管理指导。

（4）仔细清点送货员从商场拉回的退货，如发现问题及时上报，并监督送货员把退货拉到退货仓。

（5）监督装卸时要轻拿轻放，禁止野蛮装卸，对不符合装车要求的行为进行指正及监督。

（6）对装车人员进行严格管理，不允许懒懒散散，随意离开装车区域。

（7）对货物在装卸过程中有装卸要求的，必须严格控制（如纸箱包装产品须正立摆放、承受高度不高于4层等）。

（8）早班人员须做好改单的核对，发现问题即时处理，并完成晚班交接未完成的工作。

（9）登记每天的异常报告人员名单，并抄送有关部门主管。

（10）配合各部门临时安排的有关工作。

3.3.8　理货工作奖惩制度。

（1）理货员必须遵守公司所有规章制度，若有迟到、早退、旷工等不良行为，将按公司规定处以通报批评、警告、记过或者开除。

（2）理货员装车前必须要先审核单据，再按单据要求对单点数装车，若出现品种、规格、条码错误等情况，按情节轻重处以通报批评、警告、记过直至开除；若有装少现象，据情节扣除当月考核工资××～××元；若有多装现象，按货物价值的10%予以赔偿处罚。

（3）对现场工作人员的违规违纪不及时地指正制止者，扣除当月考核工资××～××元。

（4）对装车过程中途离开装车区域，或对装车人员随意离开装车区域未进行制止的，扣除当月考核工资××元。

（5）对装车时效未积极控制，导致装车时间延误者，扣除当月考核工资××～××元。

（6）对装车高度及装载量未控制达标者，扣除当月考核工资××～××元。

（7）送货员回来办理退、换货时，点货员须与送货员一同在装车平台清点（忙时可由两个点货员一起清点），对不主动清点签字者，扣除当月考核工资××元。

（8）点货员在与送货员装车、退货过程中，不得有徇私舞弊、弄虚作假行为，若发现有此行为，经调查属实者，将按原价10倍以上罚款并作解雇处理，情节严重者交由公安机关处理。

3.3.9　货物装车、包装实名制。

（1）理货员在装车时要仔细检查，防止放入一些易燃易爆的物品。

（2）理货员在包装时要对所装入的货物与订单进行核实，并将信息登记输入电脑。

（3）收件人出示身份证方可签字确认收件。

3.4　送货员工作细则

3.4.1　送货目的：为了满足市场需求，把市场需求的产品及时、准确、保质保量地送到个人手中。

3.4.2　送货流程。

（1）下午18：00前助理公布次日送货行程及送货注意事项。

（2）对单装车：送货员向当班助理领取相关数据，由点货员确认装货上车，同时送货员应清点数量。装车完毕签单，关好车门。

（3）出车：根据排车时间，准时出车（特殊情况另行通知）。

（4）卸单、签单：送货到个人后，与收货人同时清点货物，若遇到异常须及时联系相关负责人员，待决定后予以执行，确认无误后签收。取回相应联验收单，确认验收单与公司送货单一致（货物品名、规格、数量、金额）。

（5）改单退货：持送货单由点货员清点数量并签单（装错货拉回公司需由点货员交接清楚，否则以后出现问题由当日送货员承担责任）。将货物拉入配货仓，配送部对单点数，改单由助理确认。退货由信息部提供数据，必须按单退货，退货金额在××元以下由业务签字，××元以下由区域经理签字，××元以上由营销总监签字。

（6）缴单：对行程进行登记（并注明缴单情况），所有单据必须于当日交与助理，违者罚款处理。

3.4.3 送货注意事项。

（1）单据。单据领取后必须妥善保管，领取送货单和订单时必须签名；对订单必须进行检查，发现问题马上反馈到信息部；如送货单与订单有出入则以订单为准；在送货、退货、换货后必须将相关的单据及时签收并收回。

（2）运输及搬运：在运输和搬运的过程中必须小心谨慎，以防止搬运中出现损耗。送货员有责任协助收货员与卸货员搬运货物。

（3）交接：必须有强烈的工作责任心，凡经手的货物必须亲自清点；收货时必须亲自当面交接清楚。

（4）形象：送货员代表公司的形象，必须维护公司良好企业信誉和公司形象，严禁透露、销售公司情报和商业机密。送货员必须服饰整洁，修好边幅，待人礼貌，外出送货必须身着公司统一服装，积极维护公司形象，不得与客户发生争吵和冲突。

（5）沟通：必须与公司的点货员司机保持适当的沟通，以增进工作的协调和了解；必须与部门主管保持一定的联系，及时将配送的问题和相关的信息进行反馈。

（6）团队协作：送货员有义务协助司机做好送货运输过程中的安全工作；必须及时完成主管人员临时指派的其他工作。

3.4.4 卸货注意事项。

（1）卸货人员要心态端正，要有防损意识，装车时须轻拿轻放，禁止野蛮装卸。

（2）搬运的过程中须小心谨慎，以防止搬运中出现损耗，必要时卸货员应该承担部分责任。

（3）按正确的装卸方式安全地进行作业，将货物按规定要求堆置在指定位置。

（4）卸车过程中，装卸工根据随车的货物装载清单、运单和货物标签上的货物运单号、品名、件数等信息核查卸车货物，严格分票分拣放入，并对质量异常的货物进行临时处理。

3.5 司机与车辆管理细则

3.5.1 出车准备事项。

（1）司机出车前须同值班保安登记交接车锁匙及证件是否齐全、随车工具是否齐全、车厢门是否锁好等。

（2）根据配送部的派车单准时出车，并于出车前 15 分钟检查车辆有无缺水缺油以及轮胎、刹车气压是否正常等。

（3）严禁冷车强行起步，夏季怠速运转 3 ~ 5 分钟，冬季怠速运转 5 ~ 8 分钟，载重车应一档起步。

（4）车辆加油须执该车油卡在出车前一天晚上将油加满，并索要加油小票，回公司连同派车单交值班保安签字登记备查。特殊情况需要现金加油须向车队电话申请，当油卡金额少于 ×× 元应及时通知车队充值。

3.5.2 工作过程注意事项。

（1）车辆出入公司必须无条件接受保安检查登记。

（2）除司机和配送员外，其他无关人员不得乘坐公司车辆，特殊情况须经部门主管或车队同意。

（3）司机必须配备手机，并处于 24 小时开机状态。

（4）严禁司机边开车边打手机，若公司领导、主管、业务等电话须接听或回复的，交由配送接听或回复。

（5）送货过程中，司机必须无条件与配送人员相互配合，以快速、准确、高效地将产品送达目的地。

（6）送货过程中司机不得因私误公影响工作延误送货，违反规定造成不能及时送货的，由司机和配送员承担责任。导致交通事故的由司机承担全部责任。

（7）车辆送完货后，司机必须及时开车返回公司，若司机违反规定导致车辆和货物损失的，由司机承担全部责任。

（8）谨守职责，不得与配送员、主管人员及客户等发生冲突。

3.5.3 奖惩。

（1）凡利用工作之便办私事者，扣考核工资 ×× 元。

（2）凡与客户、收货员、保安发生争执者，扣考核工资 ×× 元，严重者开除。

（3）挪用公款，已主动向上级反映者，限期内交还公款，罚款 ×× 元，未向上级反映，被查出后以贪污论处，交还公款，加倍罚款，并开除。

（4）有偷窃行为、多余的货不及时退回者，被查出后除归还原物外，按原物等价罚款，情节严重者开除或送公安机关处理。

（5）聚众赌博者，罚款××元，参与赌博一次，罚款××元，两次罚款××元，累计3次开除。

（6）散布谣言，有损公司形象者开除。

（7）拉帮结派闹事者开除，参与司机虚报费用者记大过并处10倍罚款，严重者开除。

（8）利用工作之便，上货时多上货不返回公司或退货时少退货等，均视为偷窃行为，与第4条处罚相同。

（9）利用工作之便以员工价买公司物品，然后以高价出售者，被查出后，取消送货员资格，视平时表现调离工作岗位或开除。

（10）送货组异常处理细则：

送货组异常处理细则

类别	处理细则
少装货物	（1）视情节扣除当月考核工资0～××元（货物在公司） （2）承担遗失货物的100%赔偿（货物遗失）
装错货物	视情节扣除当月考核工资0～××元
交错货、短交货导致验收与回单不符合	承担货物价值差40%～100%的经济损失赔偿，另对其工作失职处以扣除当月考核工资0～××元
遗失货物	视情节承担遗失货物的50%～100%的赔偿责任，另对其工作失职处以扣除当月考核工资0～××元
退货	（1）可识别货物：视情节轻重承担货物损失40%～90%的赔偿责任，另对其工作失职处以扣除考核工资0～××元 （2）外包装不方便识别货物： ①完全不可识别货物（纸箱包装等）配送不予处罚 ②能一定程度识别货物，依据情节轻重承担货物损失的10%～30%赔偿责任
退货有多有少	（1）实退货物价值大于应退价值的不予处罚 （2）实退货物价值小于应退货物价值的，视情节承担10%～60%货损赔偿，并对其工作失职处以扣除当月考核工资0～××元
在运输过程中出现的破损、丢失现象	（1）对于一些易破损物品，在运输过程中出现损坏现象，物流公司不用承担责任 （2）对于一些不易破损的物品，在运输过程中出现损坏现象，物流公司应承担相应的责任 （3）在运输过程中出现货物丢失现象，物流公司应作出相应的赔偿

（11）凡有不服从公司管理，无正当理由拒绝出车者，罚款××元。

（12）凡在出车过程中遇到异常问题未联系公司私自将货物拉回者，根据情节扣除当月考核工资0～××元。

（13）凡因下错货、未下齐货，当场能解决问题却不主动解决导致货物未能交收完全者，据情节扣除当月考核工资 0～×× 元。

（14）物流公司或部门应采用送货人员好评考核机制考核配送人员服务标准并对其进行奖惩。

（15）凡因配送人员未系安全带等违反交通规定导致被罚款者，由司机与配送各承担 50%。

（16）平时表现良好，配合性和服从性好，善于奉献者，可在季度评选中评为优秀送货员，参与公司各种福利活动，获得丰厚的奖品。

（17）揭发坏人坏事，奖 ×× 元；如能替公司挽回 ×× 元以上经济损失者，奖 ××～×× 元。

（18）表现优秀，连续 4 个季度被评为优秀员工，且市场意识较强，有敏锐的市场眼光者，可提升为公司储备干部。

（19）出现客户货物损坏及丢失，经验证后物流公司必须即刻进行先行垫付赔偿损失，然后对当事人进行责任追究。

3.5.4 公司长期租赁货车及临时租赁车管理办法。

（1）公司长期租赁货车及临时租赁货车管理办法适用以上 3.5.1（1）～（3）条（合同中有约定的以合同约定为准）。

（2）对于公司租赁货车造成公司经济损失或违规给予处罚的，公司财务直接在租赁费中扣除。

3.5.5 晚上需要装卸、运送货物，临时出车的，原则上是先回来的车辆出车或由车队长根据实际情况灵活安排。

3.6 收货处理细则

3.6.1 消费者收货流程。

通常物流送货人员都会抓住收货人着急收到货的心理、拒绝送货上门。这种行为违反物流公司的制度，如用户投诉，派件员会受到每次 ×× 元的罚款。

（1）收到货时先要仔细看运单，主要是商品件数是多少、重量是多少、有无保价、是否已经付运费。

（2）客户根据运单验货，无误后再签收。

（3）如外包装损坏或变形，客户有权拆包验货后签收。

（4）如果验货时出现问题、如商品损坏或者包装内数量缺失，要仔细核对发货单并第一时间联系上级主管和发货人，并附客户拒收理由及派件员证明，物流公司或部门及时与发货人解决。

3.6.2 货到付款服务。

（1）买家签收后，送货员按照订单收取相应的钱款，回去交给相应部门。

（2）送货员可以让买家拆开物流包装以确认商品，以不影响商品的二次销售为原则。

（3）因非物流因素致使买家拒绝签收的，卖家需要承担来回运费。

（4）对于比较贵重的货物，送货员应该让买家拿出预支付的收据，再让签收，然后把剩余的钱交与送货员。

3.6.3 退货、换货问题处理。

（1）售后服务的范围。

在物流配送过程中，首先要求商品提供方承诺：凡我公司售出的商品，包退包换。具体标准为：

① 产品破损、变质或发错商品可无条件退换（需拍照证明）。

② 非产品质量问题的（已经下架和停产的除外）只接受换货（如换其他商品，货款可多退少补），不接受退货。在送达前要加以说明。

③ 特价商品是因为压货而清仓处理的，故不退货，但是需要绝对保证商品质量。

（2）退换商品的配送问题。

① 无论是退还是换，务必要先和客服沟通，如因没联系客服就将商品退回而耽误处理的，自行承担后果。

② 商品如有问题，须在收到后3天内快递送回，超过时间不予受理。

③ 退换货的商品务必保证包装完好。包裹里面一定要附纸条说明情况和要求（注明订单号码、退回原因、希望如何处理）。需自己承担运费的也须将运费放在包裹里面一并发来。

④ 大宗商品因物流费用巨大，可由客户代表审核货物后发出，避免退换货物现象。如出现大宗货物退换，费用由责任方自行承担，本公司有义务协调解决但不负直接责任。

（3）退换货流程。

① 退换货前要事先联系售后客服人员说明原因，确认无误后，售后客服人员要告知具体退货办法（退货地址、收货人、退货途径）。

② 在得到售后客服人员的退换货审核确认后，将物品寄回，非因质量问题运费由买家承担，否则运费由卖方承担。

③ 退货时务必要把所有货品的附件（外包装、销售单、发票及退换货处理单等）都寄回，且务必填写退换货处理单告知用户名、订单号、退款账号等，以便以最快速度办理退款。

④ 售后客服人员收到退货后，办理退款。

⑤ 退款在1~3个工作日内完成办理，不能办理的及时通知客户并说明原因。

4. 配送流程

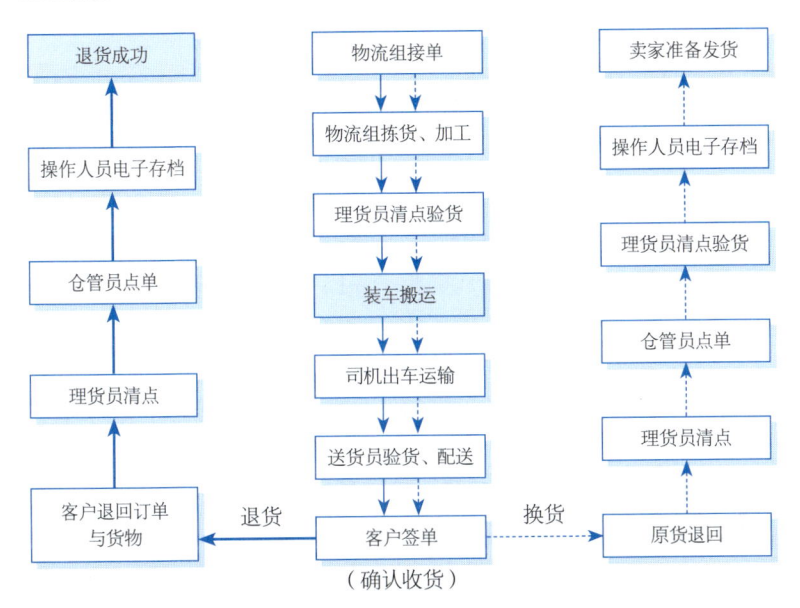

```
退货成功 ← 操作人员电子存档 ← 仓管员点单 ← 理货员清点 ← 客户退回订单与货物 ←退货← 客户签单（确认收货）

物流组接单 → 物流组拣货、加工 → 理货员清点验货 → 装车搬运 → 司机出车运输 → 送货员验货、配送 → 客户签单（确认收货）

客户签单 ⇢换货⇢ 原货退回 ⇢ 理货员清点 ⇢ 仓管员点单 ⇢ 理货员清点验货 ⇢ 操作人员电子存档 ⇢ 卖家准备发货
```

备注：→ 正常交易　⇢ 换货流程　→ 退货流程

5. 物流配送的标准

物流服务要与顾客特点、层次相符。企业在确定物流服务水平时，要权衡服务、成本和企业竞争力之间的关系。

5.1 配送服务标准

5.1.1 电话礼仪（略）。

5.1.2 处理客户投诉行为标准。

（1）第一时间安抚客户，做到仔细认真倾听，并且积极响应。

（2）了解服务的缺陷，表示关心，但应明确应承担的责任。

（3）进行探询摸清情况，进一步了解客户需求。

（4）马上能解决的问题，应给客户确认并提出解决的方案。

（5）对不能马上解决的问题要阐述原因，争得客户谅解。

5.1.3 收货、点货、包装服务标准。

（1）客户在的情况下：

① 在账单上的点货人处签字，再确定客户姓名有无差错。

② 点货时，对每一样商品都必须确定编号、商品体积、价格、数量等是否完全正确，商品是否有质量问题。

③ 点完后让客户确认所要的商品都放进箱中，包装好，让客户在签名处签字确认。

④ 将单证客户联交与客户。

（2）客户不在的情况下：

① 点货时必须两人经手，若现场只有一人，须电话通知另一人到场清点，未经两人点货的不予发货。

② 点完后必须两个人都确认签字。

③ 将客户联装入透明袋，粘在纸箱上盖内侧，封箱。

5.1.4 货运过程服务标准。

（1）客服人员应充分了解本公司的基本运输方式。

（2）客服人员应了解几个区域的货运方式和收费标准，以给客户满意的回答。

（3）货物发出后，应妥善保管货物发送凭证，保证货物在运输过程中的安全。

5.1.5 结算服务标准。

（1）结算时，先检查该客户是否已建档，若未建档，应及时让客户留下姓名、电话、地址，建立客户档案，充分发掘客户资源。

（2）结算过程中应主动帮助客户检查商品质量是否有问题，明确好责任。

（3）验完货后，让客户在验收单上签字，确认无误后进行结账。

5.1.6 退单服务标准。

（1）客户自己提货，在确认货物无损、无差异的情况下，客户提单后，公司不办理退单行为。若有差异，客户要求作退单处理的，退款由发货方支付，否则公司可扣留货物，至发货方支付为止。30天内发货方及收货方不处理的，公司有权作出其他处理。

（2）加盟提货点须严格按照加盟合同上的退单流程、章程操作。

5.2 配送时间

5.2.1 快递取货：遇到快递公司在法定节假日不取货或延迟取货，发货方可顺延发货时间。

5.2.2 长时间未收到订单可能出现的问题。

（1）订单中的收货地址、电话、Email 地址等各项信息有误。

（2）支付方式、送货方式选择错误。如果订单上的收货地址不在配送范围内，请勿选择送货上门的配送方式，否则可能会耽误配送时间。

（3）快递送货上门的订单，配送过程超过 7 天未得到回复，此订单将被默认为客户已经放弃订购。如果订单的收货地址是固定某个时间段才可接收商品时，客户须在"订单备注"栏中详细注明。

5.3 配送价格

配送价格随市价而定，商家客服人员需如实告知客户。

5.4 配送后期跟踪服务

5.4.1 及时地收集客户对配送服务提出的意见，并查找原因。需从内部流程管理方面细致地分析问题出现的原因，及时形成有效的针对性整改措施，防止同一异常情况频繁发生。

5.4.2 对于货损、货差、延误等异常运输情况，要及时分析问题根源，在损失最小的前提下尽快解决问题，同时及时地沟通安抚客户，降低客户不满情绪。事后及时分析总结，写出同类事项预防方案。

拟定		审核		审批	

第三节 物流配送管理表格

一、提货通知单

提货通知单

承运人姓名		承运人电话		身份证号码	
承运人车牌号		提货方式		承运方	
收货方				收货方电话	
装车地点				成品保管签字	
1. 托运方接到承运方派单后安排装车，承运车辆装车时必须有业务部开具的装车通知单，保管接到通知单后方可装车（特殊情况先以短信或电话通知，后补通知单）。 2. 承运方必须按要求到指定地点装货，并将货物完好无损地运往指定地点。 3. 货物装车时严禁收取装车费用。 4. 本单一式三份（一联：存根联；二联：保管留存；三联：承运人），承、托双方签字后生效，承运人凭三联（粉色）承运人单及过磅单结算运费。					
托运人		发运员		承运人 （车主）		成品库 保管员	
备注					

二、装车确认单

装车确认单

发往地点						
姓名		车号		电话		
		身份证				
分厂		坨数		净重		备注
班长签字确认：			装车工签字确认：			

三、预付自提车辆放行通知单

预付自提车辆放行通知单

成品库保管：
　　现有×××公司车辆（详见表格）

车牌号	装车时间	吨位	单价（元）	金额（元）
合计：				
销售主管		物流发运员		销售综合员

以上车辆派车单已收到，款已到账（装该车前账上余额为人民币×××元），核对无误，准予放行。

　　　　　　　　　　　　　　　　　　　　　　　　　　　　　业务部
　　　　　　　　　　　　　　　　　　　　　　　　　　　　　日期：

四、物流派车单

物流派车单

××公司：
　　我公司现委派车牌号为_____、司机姓名为_____、身份证号码为_____的车辆前往贵公司拉运，请给予装车，派车单加盖公章有效，复印件与原件具有同等法律效应。

　　　　　　　　　　　　　　　　　　　　　　　　　　×××公司（加盖公章）

五、车辆档案

车辆档案

存档（承运方名称）						
注册资金		企业法人		业务负责人		联系电话	
承运地点						
存档数量						
存档车牌号						
存档内容	承运企业危运资质、车辆行驶证、驾驶证、营运证、驾驶员从业资格证、押运员证等					
存档部门	商务部					
存档时间						

六、物流第三方发货跟踪进度表

物流第三方发货跟踪进度表

序号	客户	联系方式	公司出库单号	发货时间	发货内容	物流公司			客户			承办人
						物流名称	物流单号	物流电话	回馈（1）	回馈（2）	回馈（1）	回馈（2）	信息确认	

七、发货任务跟进单

发货任务跟进单

编号：

客户：　　　　　　　　　　　　收货地址：
电话：　　　　　　　　　　　　下达时间：
备货齐全完成情况：　　　　发货日期：　　　　　　到货日期：

227

续表

装箱序号	装箱内容（品名、数量）	移交人	接管人	责任人	日期
BJ-01					
BJ-02					
BJ-03					
BJ-04					
单品装箱信息					
单品装箱信息					

汇总信息：					
发货地：	物流名称：		物流单据号：		审核人：
跟踪记录（物流名称、打电话时间、情况、跟踪人）					
1	物流实际发货确认时间：		首次告知客户时间：		
2	中途咨询：物流位置时间：		物流位置时间：		
3	客户收到货时间：		收货情况：		
完成情况：					
负责人：	后勤经理：			行政：	

说明：1. "装箱序号"按多货品整合打包为一件来填写。
2. "单品装箱信息"按顺延整合打包后的序号来填写，一件为一种货品。
3. "汇总信息"填写共几件货、几个品种，是否欠客户货品及补发措施。
4. 跟踪记录电话最少3次，第一次确认货品已离开物流公司发出，第二次告知客户发货情况（分几个物流公司发出、分别几件货、共几件货），第三次告知客户提货注意事项。
5. "收货情况"填写完好或异常。
6. "完成情况"填写客户收到货后对异常情况的处理。
7. 对客户承诺到货日期，设备是在15个工作日内，其他是在10个工作日内。
8. 此表完成后，复印一份交回行政。

八、物流配送电话记录表

物流配送电话记录表

序号	时间	客户名	客户需求	执行情况	需解决的问题	接电话人	完成时间	责任人